AF359888

CATALOGUE

DES LIVRES

DE FEU CITOYEN GIGOT D'ORCY,

(ci-devant Receveur-général des Finances.)

Dont la vente se fera le 11 Ventose, (27 Mars 1794, vieux style,) & jours suivans, en une des salles de la maison de Bullion, rue J. J. Rousseau.

A PARIS,

Chez Veuve TILLIARD & FILS, Libraires, rue Pavée des arts, N.º 17.

An II. de la Répub.

AVERTISSEMENT.

LEs différentes curiosités que possé-
doit le feu citoyen GIGOT D'ORCY, font
affez connues pour nous difpenfer d'en
faire l'éloge.

L'urbanité avec laquelle il recevoit
les naturaliftes, tant François qu'étrangers, que la réputation de fon cabinet
attiroit chez lui, le zele avec lequel
il procuroit toutes les facilités qui
étoient en fon pouvoir à ceux qui defi-
roient de propager par quelqu'ouvrage la
fcience de l'hiftoire naturelle, faifoient
rechercher fa fociété par les amateurs
de tous les pays ; auffi en eft-il peu où
fa collection ne foit connue.

Dans la diverfité des genres de curiofités auxquels un amateur s'attache,
il en eft toujours quelques-uns vers lef-
quels fon penchant l'emporte plus ra-
pidement. C'étoit particulierement à

a ij

l'*insectologie*, que le citoyen GIGOT D'ORCY donnoit la préférence. Il a rassemblé dans cette partie, la plus superbe & la plus complette collection qui existe en France. On doit à ses soins, aux avances qu'il a faites pour leur entreprise, le très-estimable ouvrage des *Papillons d'Europe*, publié sous le nom d'ERNST & l'ENTOMOLO-GIE, ou histoire générale des insectes, rédigé par le citoyen Olivier. Sa collection a fourni le plus grand nombre de modèles pour ces deux ouvrages, & il en a suivi l'exécution avec le goût & le zèle d'un amateur; aussi sont-ils les plus parfaits qui existent en ce genre. Le premier, composé actuellement de vingt-huit cahiers, de douze planches chacun, est très-près de sa fin. Il paroît du deuxième 20 livraisons de 12 planches. Tous les deux sont continués sous la surveillance de sa veuve, qui partageoit avec son mari les soins de leur

exécution. On trouve dans sa biblio-
thèque différens exemplaires de ses ouvrages de choix, imprimés tant sur
vélin que sur papier, in-4° format in-
folio, &c. savoir, des PAPILLONS D'EU-
ROPE, sous les Nos. 270 & 273, de ce
catalogue, & de l'ENTOMOLOGIE, sous
les Nos. 241—245.

Parmi un grand nombre de livres
précieux & très-rares en France, sur
toutes les branches de l'histoire naturelle, on remarquera sans doute ici une
suite si complette sur la partie des *insectes*, qu'on peut la regarder comme
unique. Tout ce qui a été publié tant
en France qu'en Angleterre, Hollande & Allemagne sur ce sujet, s'y trouve, & ne laisse rien à desirer, tant pour
le choix de l'enluminure, que pour la
perfection des réliures. Beaucoup des
livres de ce cabinet ont été reliés en
Angleterre avec le plus grand soin ;
grand nombre d'entre eux peuvent paf-

ser pour des chefs-d'œuvre dans ce genre de travail, tels que les *coquilles de Martyn*, 4 *vol.* in-folio; *les insectes d'Harris*, &c. &c. Nos plus habiles relieurs de Paris y ont aussi rivalisé de talens, ensorte que les curieux auront de quoi se satisfaire dans cette variété.

Le matin de chaque séance, depuis midi jusqu'à deux heures, les amateurs auront la facilité de venir examiner les livres; chacun sera, par ce moyen en état de donner ses encheres, avec confiance & connoissance de cause; ce qui donne lieu de penser que l'on y viendra avec empressement.

La feuille des vacations paroîtra huit jours avant la vente.

CATALOGUE

CATALOGUE
DES LIVRES

Du Cabinet du Citoyen GIGOT D'ORCY.

SCIENCES ET ARTS.

Philosophes anciens & modernes.

1 **B**ibliotheque des anciens philosophes, par Dacier. *Paris*, 1771. 5 vol. in-12. baf.   15 —

2 Loix de Platon, trad. par Grou. *Amsterd.* 1769. 2 vol. in-12. baf.   11 — 19

3 Dialogues de Platon, trad. en fr. par Grou. *Amsterdam*, 1770. 2 vol. in-12. baf.   11 — 19

4 Manuel d'Epictete en grec, avec une traduction fr. par Lefébvre Villebrune. *Paris*, 1783. in-18. v. f. tr. dor.   7 — 4 —

5 Œuvres de Seneque, trad. en fr. par de Lagrange, avec la vie de Seneque & l'essai   33 — 2 —
Republ. de Platon Paris Hublot 1775. 2 v. v. fil.   7 —

fur les regnes de Claude & Neron , par Diderot. *Paris* , 1778. 7 vol. in-12. baf.

6 Œuvres de d'Argens , favoir , Lettres juives , 8 vol. — chinoifes , 6 vol. — cabaliftiques , 7 vol. — philofophie du bon fens , 3 vol. *La Haye* , 1766. 24 vol. in-18. v. éc.

7 Le fpectateur , ou le Socrate moderne , trad. de l'anglois de Steele. *Paris* , 1755. 3 vol. in-4°. baf.

8 Œuvres de Blaife Pafcal. *La Haye* , 1779. 5 vol. in 8°. v. m.

9 Penfées de Pafcal fur divers fujets. *Paris* , 1783. in-12. baf.

10 Œuvres de Montefquieu. *Paris* , 1764. 6 vol. in-12. v. m.

11 De l'efprit , (par Helvetius). *Amfterdam* , 1772. 2 vol. in-12. v. éc. fil.

12 Syftême de la nature ou des loix du monde phyfique & du monde moral , par Mirabaud. *Londres* , 1770. 2 vol. in-8°. v. m.

13 Syftême focial , ou principes naturels de la morale & de la politique , (attribué à Mirabaud). *Londres* , 1774. 2 tom. 1 vol. in-8°. v. m.

14 Collection complette des Œuvres de Ch. Bonnet fur l'hift. naturelle & la philofophie.

[3]

Neuchâtel, 1779. 10 vol. in-4°. fig. v. m.

15 Principes de la philofophie naturelle. *Ge-*
nêve, 1787. 2 vol. in-8°. v. m.

16 La connoiffance de l'homme moral par
celle de l'homme phyfique, par A. J. Pernety.
Berlin, 1765. 2 vol. in-8°. baf.

17 La morale univerfelle ou les devoirs de
l'homme fondés fur la nature. *Amſterdam*,
1776. 3 tom. 1 vol. in-8°. v. m.

18 De la philofophie de la nature, ou traité de
morale pour l'efpece humaine, (par Delifle
de Salle). *Paris*, 1777. 6 vol. in-8°. fig.
v. m.

19 Maximes & réflexions morales de la Ro-
chefoucauld. *Paris*, *Didot*, 1779. in-16.
v. éc. tr. dor.   *idem altera edit.*

Economie.

20 Les économiques, par L. D. H. *Paris*,
1769. in-4°. v. m.

21 Effai analytique fur la richeffe & fur l'im-
pôt, & autres pieces fur le même fujet. *Paris*,
1768. 3 vol. in-8°. v. m.

22 Confidérations fur les richeffes & le luxe,
(par Senac de Meilhan.) *Paris*, 1787.
in-8°. v. m.

23 Sur la législation & le commerce des grains, par Necker. *Paris*, 1775. in-8°. v. m.

5- 1- 24 Dialogues sur le commerce des bleds, (par Gagliani). *Londres*, (*Paris*,) 1770. in-8°. v. éc.

3- 25 Le bonheur dans les campagnes. *Paris*, 1788. in-8°. v. m.

4- 6- 26 Lettres d'un Cultivateur Américain, depuis 1770—1781, trad. de l'Angl. *Paris*, 1784. 2 vol. in-8°. baf.

4- 10- 27 Observat. sur le commerce & sur les arts, par Flachat. *Lyon*, 1766. 2 vol. in-12. baf.

8- 16- 28 Art de tenir les livres en parties doubles, par J. J. Imhooff. *Vevey*, 1786. in-4°. baf.

6- 29 Plans & Statuts des différens établissemens de Catherine II. pour l'éducation de la jeuneffe & l'utilité générale de fon empire, écrit en Ruffe, par Betzki, & trad. par Clerc. *Amſterdam*, 1775. 2 vol. in-12. v. m.

14- 30 Effai fur l'éducation des aveugles, par Haüy. *Paris*, 1786. in-4°. baf.

Politique.

20- 10- 31 Les intérêts des Nations de l'Europe dé-

veloppés relativement au commerce (par
de Serionne.) *Leyde*, 1766. 2 vol. in-4°.
v. m.

32 Les vrais principes du gouvernement
François. *Genêve*, 1777. in-8°. baſ.

33 Principes de morale, de politique & de
droit public, ou diſcours ſur l'hiſtoire de
France, par Moreau. *Paris*, *I. R.* 1777.
7 vol. in-8°.

34 Des lettres-de-cachet & des priſons d'état,
par Mirabeau. *Hambourg*, (*Paris*) 1782.)
2 vol. in-8°. v. m.

35 Conſtitution de l'Angleterre (par Delolme.)
Amſterdam, 1774. in-8°. baſ.

36 Affaires de l'Inde depuis 1756 juſqu'à la
paix de 1783, avec l'hiſtoire de l'admi-
niſtration d'Haſtings. *Paris*, 1783. 2 vol.
in-8°. baſ.

Métaphyſique.

37 Lucrece, de la nature des choſes, traduct.
de la Grange, lat. & fr. *Paris*, 1768. 2 vol.
in-12. baſ.

38 Paradoxes métaphyſiques ſur le principe des
actions humaines, 1756. in-12. v. éc.

39 Traité ſur la tolérance, (par Voltaire.)
1763. in-8°. v. m.

40 Tableau naturel des rapports entre Dieu,
l'homme & l'univers. *Edimbourg*, 1782.
2 vol. in-8°. v. m.

41 De l'importance des opinions religieuses,
par Necker. *Paris*, 1788. in-8°. v. m.

P H Y S I Q U E.

Traité de l'homme & de ses facultés, &c.

42 De l'homme & de ses facultés intellec-
tuelles, & de son éducation. ouvrage pos-
thume d'Helvetius. *Londres*, 1773. 2 vol.
in-12. v. m.

43 L'homme, ou tableau de la vie, hist. des
passions, des vertus & des événemens de
tous les âges. *Paris*, 1764. 2 vol. in-12.
fig. baf.

44 Erafte, ou l'ami de la jeunesse (par
Filaffier.) *Paris*, 1773. in-8°. v. m.

45 De la passion du jeu depuis les tems anciens jusqu'à nos jours, par Dufaulx. *Paris*,
1777. in-8°. v. m.

46 Essai sur les probabilités de la durée de la
vie humaine, par de Parcieux. *Paris*, 1766.
in-4°. v. m.

Traités généraux de physique.

47 Lettres physiq. & morales sur l'hist. de la

[7]

terre & de l'homme , par J. A. Deluc. *La
Haye*, 1779. 5 tom. 6 vol. in-8°. v. éc. fil.

48 Observations & mémoires fur la phyfique,
fur l'hift. naturelle & fur les arts & métiers,
par Rozier & Mongès. *Paris*, 1771—1789,
37 vol. in-4°. fig. v. m. —Plus, 1790,1791,
1792 & 1793. 8 vol. in-4°. fig. br.

49 Collection de mémoires fur différentes parties intéreffantes des fciences & des arts, ouvrage orné de 173 pl. par Guettard. *Paris*,
1786. 5 vol. in-4°. fig. v. m.

50 Abrégé chronol. pour fervir à l'hift. de la
phyfique jufqu'à nos jours , par de Loys.
Strasbourg, 1786. in-8°. br.

51 Pefanteur fpécifique des corps , ouvrage
utile à l'hift. naturelle, à la phyfique , aux
arts & au commerce , par Briffon. *Paris*,
1787. in-4°. fig. v. m.

52 La magie blanche dévoilée, par de Cremps.
Liege, 1779. 4 vol. in 8°. avec 101 fig. baf.

53 Defcript. des expériences de la machine
aëroftatiq. de Montgolfier, par Faujas. *Paris*,
1783. 2 vol. in-8°. fig. v. m.

54 Importantes obfervations pour faire dériver
les globes aëroftatiq. , par Th. Martyn. *Londres*, 1784. in-4°. fig. br.   *idem* —
              En anglois.   *idem* —

HISTOIRE NATURELLE.

Histoire naturelle générale & particuliere.

55 Hist. naturelle de Pline, trad. en fr. avec le texte latin, rétabli d'après les meilleures leçons manuscrites, (par Poinsinet Sivry.) *Paris,* 1771. 12 vol. in-4°. v. m.

56 J. Eusebii Nierembergii historia naturæ, maximè peregrinæ, libris 16 distincta. *Antverpiæ, Plantin,* 1635. in-fol. v. br. fil.

57 Antonii Legrand, historia naturæ. *Londini,* 1673. in-8°. v. br.

58 Caroli à Linné, systema naturæ per tria regna. *Holmiæ,* 1766. 4 vol. in-8°. fig. bas.

59 Revue générale des écrits de Linné, par Rich. Pulteney, trad. de l'anglois par Millin Grand-maison. *Paris,* 1789. 2 vol. in-8°. bas.

60 Œuvres complettes de Buffon. *Paris, I. R.* 1774. 26 vol. in-4°. fig. mar. r.; savoir, Hist. naturelle, 15 vol. — Supplément & quadrupedes, 7 vol. — Minéraux, 4 vol.

61 Histoire naturelle générale & particuliere, par Buffon. *Aux Deux-Ponts,* 1785-1791. 54 vol. in-12. br.

Exemplaire en papier fin, avec les figures enluminées. Il y a dans cette édition 300 fig. d'animaux d'animaux de plus que dans celle in-12 de Paris.

62. Lettres critiques sur l'ouvrage de Buffon. *Hambourg, 1756. 9 tom. 4 vol. in-12. v. m.*

63. Cours d'hist. naturelle, ou tableau de la nature considérée dans l'homme, les quadrupedes, les oiseaux, les poissons & les insectes. *Paris, 1770. 7 vol. in-12. fig. v. m.*

64. Leçons élémentaires d'hist. naturelle & de chimie, par Fourcroy. *Paris, 1782. 2 vol. in-8°. fig. v. m.*

65. Études de la nature, par H. Bern. de St.-Pierre. *Paris, 1788. 4 vol. in-12. fig. baf.*

66. Histoire générale & économique des trois regnes de la nature, par Buchoz. *Paris, 1777. in-fol. v. m.*

67. Hist. générale & économique des trois regnes de la nature, par Buchoz. *Paris, 1777. in-fol. br.*

68. Hist. générale des animaux, des végétaux & des minéraux, par Buchoz. *Paris, 2 vol. in-fol. fig. enlum.*

69. Centuries de planches enluminées & non enluminées, représentant au naturel ce qui se trouve de plus intéressant & de plus curieux parmi les animaux, les végétaux & les

minéraux, par Buchoz, 2 vol. in-fol. fig. v. m.

70 Centuries de planches enluminées & non enluminées des trois regnes, par Buchoz. *Paris*, 1780. 2 vol. in-fol. atl. br.

71 Differtations diverses de Buchoz, fur les regnes animal, végétal & minéral, in-fol. fig. enluminées. br.

Environ 2 vol.

72 Le naturaliste *Halle*, 1774. 11 vol. in-8°. fig. br. en carton.

Le texte en allemand.

73 Délices de la nature, ou choix de tout ce que les trois regnes de la nature renferment de plus digne des recherches d'un curieux, pour en former un cabinet, par Georg. Wolfgang Knorr, avec les defcript. & remarques de Ph. L. Statius Muller, revues & augmentées par J. Em. Walch, trad. de l'allemand, par J. Fréd. Ifenflamm. *Nuremberg*, 1779. 2 tom. 1 vol. in-fol. m. r.

91 Pl. enluminées d'une magnifique exécution.

Hiftoire naturelle des élémens.

74 Action du feu central démontrée nulle à la furface du globe, par Romé Delifle. *Paris*, 1781. in-8°. fig. v. m.

75 Hydrologie, ou examen de l'eau de la mer
& des fels naturels, par Monnet. *Paris,*
1772. in-12. baf.

Hiſtoire naturelle des métaux.

76 Voyages métallurgiques de Jars. *Lyon,*
1774. tom. 1ᵉʳ. in-4°. fig. baf.

77 Lettres fur la minéralogie & métallurgie
pratiques, par Weſſel-Linden. *Paris,* 1752.
in-12. baf.

78 Eſſais fur la minéralogie & la métallurgie,
par de Luchet. *Maeſtricht,* 1779. in-8°.
v. m.

79 Méthode d'extraire les métaux parfaits des
minérais, & autres fubſtances métalliques
par le mercure, par de Born. *Vienne,* 1788.
in-4°. fig. v. m. dentelle.

80 Mém. fur la maniere dont on extrait en
Corſe le fer de la mine d'Elbe, par Tronſon
du Coudray. *Paris,* 1775. in-8°. fig. v. m.

81 Expériences & obfervations fur le fer, par
du Coudray. *Paris,* 1785. in-8°. v. m.

82 Traité fur les mines de fer & fur les forges
du comté de Foix, par la Peiroufe. *Toulouſe,*
1786. in-8°. fig. v. m.

83 Eſſais de J. Rey fur la caufe pour laquelle

l'étain & le plomb augmentent de poids
quand on les calcine, avec notes de Gobet.
Paris, 1777. in-8°. v. m.

Histoire naturelle des minéraux.

12 — 1 —   84 Minéralogie, ou description générale des
subftances du regne minéral, par J. Goth.
Wallerius. *Paris*, 1753. 2 vol. in-8°. fig. v. m.

8 — 19 —   85 Torberni Bergman, fciagraphia regni mi-
neralis. *Lypfiæ*, 1782. in-12. v. f. tr. dor.
86 Manuel du minéralogifte, ou fciagraphie
du regne minéral, par Bergman, publié par
Ferber, & trad. par Mongez. *Paris*, 1784.
in-8°. fig. v. m.

4 — 1 —   87 Minéralogie ou nouvelle expofition du regne minéral, par Valmont de Bomare.
Paris, 1762. 2 vol. in-8°. fig. v. m.

5 — 8 —   88 Élémens de minéralogie, trad. de l'anglois
de Kirwan, par Gibelin. *Paris*, 1785. in-8°.
fig. v. m.

3 — 1 —   89 Élémens de minéralogie docimaftique, par
Sage. *Paris*, I. R. 1777. 2 vol. in-8°. baf.
90 Syftême de minéralogie, par Monnet.
Bouillon, 1779. in-12. baf.

renvoyé   91 Hift. naturelle des minéraux, par Buffon.
au n.° 61.   *Paris*, I. R. 1783. 6 v. in-12. fig. v. éc.

92 Œuvres de Bernard Paliſſy ; avec des notes
de Faujas de Saint-Fond , & des additions
de Gobet. *Paris ,* 1777. in-4°. v. m.

93 Hiſt. naturelle ou expoſition générale de
toutes ſes parties , gravées & imprimées en
couleurs naturelles, continuées par Desfon-
taines. Premiere partie, regne minéral, 7 cah.
in-4°. gr. p. fig. enluminées , br.

94 Les dons merveilleux & diverſement coloriés de la nature dans le regne minéral , par
Buchoz. *Paris ,* 1782. in-fol. v. m.
100. Fig. doubles en noir & enluminées ,
& la ſuite en feuilles.   *le meme broc-*

95 Journal d'un voyage minéralogique avec
des obſervations ſur les agates & le baſalte ,
par Collini. *Manheim ,* 1776. in-8°. dem. rel.

96 Les anciens minéralogiſtes de France , avec
notes de Gobet. *Paris ,* 1779. 2 vol. in-8°.
fig. baſ.

97 Recherches ſur les volcans éteints du Viva-
rais & du Velay , par Faujas de St-Fond.
Grenoble , 1778. in-fol. fig. v. m.

98 Mémoires ſur la minéralogie du Dauphiné,
par Guettard. *Paris ,* 1779. 2 vol. in-4°.
fig. v. m.

99 La nature conſidérée dans pluſieurs de ſes

opérations ; ou mém. & obferv. fur l'hift.
naturelle avec la minéralogie de l'Orléanois,
par Defay. *Paris*, 1783. in-8º. v. m.

100 Voyages minéralogiques dans le gouvernement d'Aigle & une partie du Vallais,
par Razoumowsky. *Laufanne*, 1784. in-8º.
fig. br.

101 Lettres fur la minéralogie & fur divers
autres objets de l'hift. natur. d'Italie, par
Ferber, avec notes de Dietrich. *Strasbourg*,
1776. in-8º. fig. v. m.

102 Effai fur la minéralogie des monts Pyrénées. *Paris*, 1781. in-4º. fig. v. m.

103 Defcription des gites de minérai, des
forges & des falines des Pyrénées, par
Dietrich, premiere & deuxiéme parties.
Paris, 1786. in-4º. v. m.
Fig. enluminées.

104 Traité fur la fcience de l'exploitation des
mines par théorie & pratique ; par Délius,
trad. par Schreiber. *Paris*, 1778. 2 vol.
in-4º. fig. v. m.

105 Traité de l'exploitation des mines, par
Monnet. *Paris*, 1773. in-4º. fig. v. m.

106 Traité phyfique & métallurgique de l'exploitation des mines en Bohême & en Hon-

grie, par J. J. Ferber. *Berlin*, 1774—1780.
2 vol. in-8°. fig. v. f. tr. dor.

Le texte en Allemand.

107 Géométrie souterraine, élémentaire,
théorique & pratique, par Duhamel. *Paris*,
1787. in-4°. fig. baf.

108 Traité des tourbes combuftibles, par
Ch. Patin. *Paris*, 1663. in-4°. v. br.

Hiftoire naturelle des foffiles & pétrifications.

109 De omni rerum foffilium genere Conr.
Gefnerus. *Tiguri*, 1565. 2 tom. 1 vol. in-8°.
fig. vélin.

110 Dictionn. univerfel des foffiles propres &
des foffiles accidentels, par E. Bertrand.
La Haye, 1763. 2 vol. in-8°. v. m.

111 Recueil de divers traités de l'hift. natur.
de la terre & des foffiles, par E. Bertrand.
Avignon, 1766. in-4°. v. m.

112 Effai de criftallographie, par Romé Delifle. *Paris*, 1772. in-8°. fig. v. éc.

113 Criftallographie, ou defcript. des formes
propres à tous les corps du regne minéral,
par Romé Delifle. *Paris*, I. R. 1783. 4 vol.
in-8o. fig. v. m.

114 Traité des pétrifications, par Bourguet.
Paris, 1778. in-8°. fig. v. m.

115 Defcription de plufieurs nouvelles efpeces d'orthocératites & d'oftracites, par Picot de la Peiroufe. *Erlang, 1784.* in-fol. dem. rel.

Figures enluminées.

116 Oryctographie de Bruxelles, ou defcription des foffiles tant naturels qu'accidentels, découverts jufqu'à ce jour dans les environs de cetteville, par Fr. Xavier Burtin. *Bruxelles, 1784.* in-fol. br.

32 Planches enluminées.

Hiftoire naturelle des pierres, pierreries & marbres.

117 Des pierres précieufes & des pierres fines, avec les moyens de les connoître & de les évaluer, par Dutens. *Paris, Didot A. 1776.* in-18. v. éc. tr. dor.

Petit vol. déjà rare.

118 Catalogue de toutes les pierres & pétrifications de la Saxe, deftiné à être renfermé dans une tabatiere. *Drefde, 1775.*

In-64. petit-pouce.

119 Repréfentation de marbres gravés & mis en couleur d'après nature, avec leurs noms

il manquait une feuille. en

[17]

en hollandois , allemand , anglois , fr. &
lat. *Amsterdam,* 1776. in-4°. gr. pap. fig.
*Ouvrage d'une belle exécution , avec 85
planches enluminées.*

Agriculture.

120 L'Agriculture , poëme en six chants , par
Roslet. *Paris,* I. R. 1774. in-4°. v. éc. tr. dor.

121 Cours d'agriculture théorique , pratique ,
économique , &c. par Rozier , *Paris ,* 1780.
7 vol. in-4°. fig. v. m.

122 Dictionnaire des jardiniers , trad. de
l'anglois de Miller , par de Chazelles , avec
notes de Holandre. *Paris ,* 1785. 8 vol.
in-4°. fig. v. m.

123 Dictionnaire du cultivateur , par Allets.
Paris , 1764. 2 vol. in-8°. v. m.

124 Maison rustique, par Liger. *Paris,* 1775.
2 vol. in-4°. fig. v. m.

125 Dictionnaire de chasse & de pêche. *Paris,*
1769. 2 vol. in-8°. bas.

126 Instructions sur l'usage de la houille , par
Venel. *Avignon,* 1775. in-8°. fig. v. m.

127 Recherches sur la houille d'engrais & les
houilleres , par de Lailleraut. *Paris ,* 1783.
2 vol. in-12. bas.

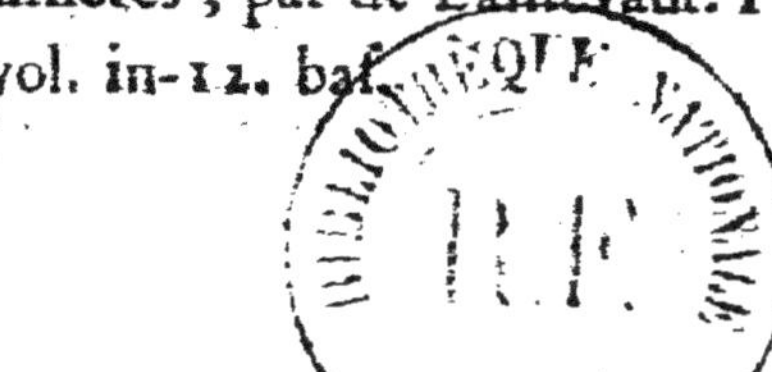

C

128 Hist. natur. du froment, par Poncelet. *Paris*, 1779. in-8°. fig. v. m.

129 Traité du seigle ergoté, par Read. *Strasbourg*, 1771, in-12. fig. br.

130 Art de la vigne.—Cours de Chymie, par Maupin. *Lausanne*, 1780. in-8°. v. m.

5 vol. de Buc'hos in 12.

BOTANIQUE.

Introduction à la Botanique.

131 Herbier naturel classé par ordre alphabétique, rangé dans des boëtes de bois d'acajou, & dans 13 cartons du format in-fol. atlantico, encadré très-soigneusement.

On en communiquera le catalogue manuscr. où toutes les plantes sont inscrites avec le nom lat. fr. &c. & le renvoi aux descriptions de Tournefort, Lamarck, &c.

Cette collection est infiniment précieuse par la parfaite conservation de chaque plante.

132 Herbier naturel, en 4 cartons in-fol. petit pap.

Les plantes qui composent ce recueil, sont d'une grande fraîcheur.

133 Elémens de botanique, où méthode pour connoître les plantes, par Pitton Tournefort. *Paris*, I. R. 1694. 3 vol. in-8°. fig. v. m.

134 Hift. univ. du regne végétal, ou nouveau
Dictionn. phyfique & économique de toutes
les plantes qui croiffent fur la furface du
globe, par Buchoz. *Paris*, 1775. 25 tom.
9 vol. in-fol. v. m.

   Avec 1200 *pl.*

135 Hift. natur. du regne végétal, par Buchoz,
contenant 600 pl. coloriées. *Paris*, 1783.
3 vol. in-fol. v. m. filets d'or.

136 La botanique mife à la portée de tout le
monde, ou collection des plantes d'ufage
dans la médecine, les alimens & les arts,
par Regnault. *Paris*, 1774. 2 vol. in-fol.
atl. v. m. fil. d'or.

   480 *fig. enluminées, complet. Les planches & l'explication font rangées par ordre
alphabétique.*

137 Phytonomatotechnie univerfelle, c'eft-
à-dire, l'art de donner aux plantes des
noms tirés de leurs caractères, par Bergeret.
Paris, 1783. 48 cah. in-fol. fig. br.

   *Exemplaire en papier d'Hollande, avec les
figures enluminées.*

138 Catalogue des plantes démontrées au jar-
din des plantes, donné par Thouin à Dorey,

20 juin 1783. in-4°. v. éc. tranch. dorées.

> *Manuscrit d'une très-belle écriture : on y trouve les noms latins & françois rangés dans le meilleur ordre.*

139 Cours de botanique , contenant les plantes indigènes & exotiques employées dans les arts & dans la médecine, par Alyon. *Paris ,* 1787. in-fol. fig. br.

> *Six livraisons , contenant 72 pl. enluminées. Exemplaire sur papier d'Hollande.*

140 Nic. Jof. Jacquin observationum botanicarum, partes 4. *Vindobonæ ,* 1764. in-fol. fig. v. m.

> 100 *pl.*

141 Spicilegium botanicum à Jac. Edw. Smith. *Londini ,* 1791. in-fol. fig. Fasciculus primus.

> 12 *planches enluminées pap. vélin.*

> *Histoire générale des plantes , des arbres , des fleurs , &c.*

142 Phytanthoza iconographia, à J. G. Weinmanno , edente J. G. N. Dieterico. *Ratisbonæ ,* 1737. 8 vol. in-fol. gr. pap. v. m.

> *Exemplaire des premiers tirages , figures enluminées.*

143 Familles des plantes , par Adanson. *Paris ,*

1763. 2 volumes in - 8°. figures. v. m.

144 Hist. natur. des végétaux considérés relativement aux usages de la médecine & de
l'économie domestique, (par Buchoz.) *Paris,*
1772. 11 vol. in-12. fig. v. m.

Histoire particuliere des plantes , des arbres &
des fruits,

145 Plantarum icones hactenus ineditæ ple-
rumque ad plantas in herbario Linnæano
conservatas delineatæ , auctore J. Edw.
Smith. *Londini ,* 1789—1791. 3 fascic. in-fol.
fig. br. en carton.
75 *pl.*

146 Dissertationes (octo) de sidâ , & de qui-
busdam plantis quæ cum illâ affinitatem ha-
bent , ab A. J. Cavanilles. *Parisiis , Didot A.*
1785. 2 vol. in-4°. fig. v. m. dentelle.
296 *pl. & l'explication en latin. Les* 9ᵉ
*& * 10ᵉ *dissertat. en feuilles.*

147 Ejusd. Cavanilles dissertat. (decem) de
sidâ & aliis plantis. *Parisiis , Didot A.* 1785.
2 vol. in-4°. dem. rel.
296 *pl. & l'explication en latin.*

148 Jasmin (Jasminum ramo unifloro , flore
pleno , petalis coriaceis.)

[22]

Peint sur vélin in-folio en 1789, par Th. Martyn, à Londres.

149 Hesperides, sive de malorum aureorum culturâ & usû libri iv. à J. B. Ferrario. *Romæ*, 1746. in-fol. fig. v. br.

Histoire naturelle des champignons.

150 Histoire des champignons de la France, par Bulliard. *Paris*, 1791. in-fol. fig. enluminées. br. tom. 1.

Avec la collection complette des champignons enluminés, jusques & compris le cahier 140ᵉ.

Histoire naturelle particuliere des plantes, arbres & fleurs de différens pays.

151 Flore françoise, ou description succincte de toutes les plantes qui croissent naturellement en France, par de Lamarck. *Paris*, I. R. 1778. 3 vol. in-8°. fig. v. m.

152 H st. des plantes des environs de Paris, par Pitton-Tournefort, publiée par B. de Jussieu. *Paris*, 1741. 2 vol. in-12. bas.

153 Flora Parisiensis, ou descriptions & figures des plantes qui croissent aux environs de Paris, par Bulliard. *Paris*, 1786. 6 vol. in-8°. fig. coloriées. m. r.

[23]

*Exemplaire choisi des plus belles & an-
ciennes enluminures, papier satiné.*

154 Recueil de 67 plantes des environs de
Paris, peintes au naturel avec la plus grande
perfection, par Thuraut. in-folio.

Papier d'Hollande.

155 Flore des environs Paris, par Thuillier.
Paris, 1790, in-12. bas.

156 Catalogue des plantes de la Lorraine. —
Manuel usuel & économiq. des plantes, par
Buchoz. *Paris*, 1782. 2 vol. in-12. v. m.

157 Hist. des plantes vénéneuses de la Suisse,
par Vicat. *Yverdon*, 1776. in-8°. v. m.

158 Dissertatio botanico medica de quibus-
dam plantis Belgicis in locum exoticarum
sufficiendis, à P. E. Wauters. *Gandavi*,
1785. 2 part. 1 vol. in-8°. br.

159 Flora Danica à G. Chr. Oeder. *Hafniæ*,
1766 — 1782, fasciculi 1 à 15. 5 vol.
in-fol. m. r.

*Exemplar eximii delectûs, cum 1500 fi-
guris coloratis.*

160 Catalogus plantarum omnium juxta syste-
matis vegetalium Caroli à Linné, edit. 13am.
in usum horti botanici Pragensis. *Pragæ*,
1776. in-8°. v. m.

Exemplaire en papier fort, avec du papier blanc entre chaque page.

161 Caroli Linnæi flora Lapponica , edente J. Edw. Smith. *Londini ,* 1792. in-8°. fig. demi-rel.

 12. *planches.*

162 Hortus botanicus Vindobonenfis, feu plantarum rariorum horti botanici Vindobonenfis defcriptio à Nicolao Jofepho Jacquin. *Vindobonæ ,* 1770. 3 tom. 1 vol. in-fol. mar. rouge.

 Exemplar 146 *, cum* 300 *fig. coloratis.*

163 Floræ Auftriacæ five plantarum felectarum in Auftriâ fponte crefcentium Icones, advivum coloratæ, & defcriptionibus ac fynonymis illuftratæ à Nicolao - Jof. Jacquin. *Vienna , Auftriæ ,* 1773. 5 tom. 3 vol. in-fol. mar. rouge.

 , 500 *figuris coloratis.*

164 Icones plantarum rariorum editæ à Nic. Jof. Jacquin. *Vindobonæ ,* 1781 —— 1786. Tomus primus in-fol. m. r.——Tomi fecundi, pars prima & fecunda. in-fol. fig. br.

 250 *figuris coloratis.*

165 Nic.- Jofephi Jacquin , felectarum ftirpium Americanarum hiftoria. *Vindobonæ ,*
       1763.

1763. deux parties , 1 volume in-fol. v. m.
183 *planc.*

166 Hift. des plantes de la Guyane françoife ,
par Fufée Aublet. *Paris ,* 1775. 4 vol. in-4°.
fig. v. m.

167 Le liferon des Indes, (convolvulus Indi-
cus) à fleur rofe , peint fur velin en 1789 ,
par Th. Martyn , in-fol.

C'eft tout ce qu'on peut voir de plus beau
& de plus parfait dans ce genre.

HISTOIRE NATURELLE DES ANIMAUX.

Hiftoire naturelle générale des animaux.

168 Theatrum univerfale omnium animalium, ab Henr. Ruysch. *Amftelodami ,* 1718.
2 vol. in-fol. fig. v. br.

169 Hiftoria naturalis de quadrupedibus , pif-
cibus , avibus , infectis & ferpentibus , à
J. Jonfton. *Amftelodami ,* 1757. 2 vol.
in-fol. fig. v. br.

170 Dictionn. raifonné & univerfel des animaux, par D. L. C. D. B. (de la Chefnaye-
Desbois). *Paris ,* 1759. 4 vol. in-4°. baf.

171 Zoologie univerfelle & portative , par
Playcard A. Fidele Ray. *Paris ,* 1788. in-4°.
demi-rel.

D

172 Hiſtoire des animaux d'Ariſtote en grec ;
avec la traduction françoiſe , par Camus.
Paris , 1783. 2 vol. in-4°. v. m.

173 Hiſt. naturelle des animaux, par Arnaud
de Nobleville & Salerne. *Paris* , 1756.
in-12. v. m.

174 Hiſtoire naturelle d'oiſeaux peu communs
& d'autres animaux rares, conſiſtant en quadrupedes , reptiles , oiſeaux , inſectes , avec
les glanures d'hiſt. nat., repréſentés ſur 362
planches , avec une ample & exacte deſcrip-
tion de chaque figure en anglois & françois,
par Edwards. *Londres* , 1743 — 1758. 7 tom.
4 vol. in-4°. gr. pap. m. r. anglois , dentelle.
*Édition originale , avec les figures coloriées
par l'auteur.*

175 Nouvelles illuſtrations de zoologie , contenant 50 pl. enluminées d'oiſeaux curieux
& qui n'ont jamais été décrits , de quadrupedes , de reptiles & d'inſectes , avec de
courtes deſcriptions ſyſtématiques , par P.
Brown. *Londres* , 1776. in-4°. gr. pap.
mar. r. reliure angloiſe.
En anglois & françois , fig. enluminées.

176 Syſtême naturel du regne animal par claſ-
ſes , familles ou ordres , genres & eſpeces ,

avec une notice de tous les animaux, les noms grecs, latins & vulgaires que les naturalistes leur ont donnés. *Paris*, 1754. 2 vol. in-8°. baf.

177 Le regne animal divifé en 9 claffes, par Briffon. *Paris*, 1756. in-4°. fig. v. f. tr. dor.

178 Tabula affinitatum animalium, à Joa. Hermanno. *Argentorati*, 1783. in-4°. v. m.

179 Les dons merveilleux & diverfement coloriés de la nature dans le regne animal, ou collection d'animaux précieufement coloriés, par Buchoz. *Paris*, 1782. 2 vol. in-fol. v. m.

    200 *pl. enluminées.*

180 Les dons merveilleux & diverfement coloriés de la nature dans le regne animal, par Buchoz. *Paris*, 1782. in-fol. br. *non comp.*

    200 *figures enluminées.*

181 Dictionnaire vétérinaire & des animaux domeftiques, par Buchoz. *Paris*, 1775. 6 vol. in-8°. v. f.

182 Médecine des animaux domeftiques, par Buchoz. *Paris*, 1783. in-12. v. m.

183 Méthodes fûres & faciles pour détruire les animaux nuifibles, par Buchoz. *Paris*, 1783. in-12. v. m.

Histoire naturelle des animaux de différens pays.

184 Essais philosophiques sur les mœurs de divers animaux étrangers (par Foucher d'Obsonville). *Paris*, 1783. in-8°. fig. baf.

185 Discours de l'amitié & de la haine qui se trouvent entre les animaux, par de la Chambre. *Paris*, 1667. in-8°. mouton, r. dentelle.

186 Aldrovandus Lotharingiæ, ou catalogue des animaux quadrupedes, reptiles, oiseaux, poissons, & insectes de la Lorraine, par Buchoz. *Paris*, 1771. in-12. v. éc.

187 Caroli Linnæi fauna Suecica. *Stockolmiæ*, 1761. in-8°. fig. demi-rel.

188 Caroli Linnæi Entomologia faunæ Suecicæ descriptionibus, aucta D. Scopoli, de Geer, &c. à Carolo de Villers. *Lugduni*, 1789. 1 vol. in-8°. fig. baf.

Histoire naturelle particuliere des quadrupedes.

189 Collection complette des quadrupedes de Buffon, enluminés au nombre de 362 pl. 30 cah. in-4°. br.

On y a joint une table manuscr.

18

190 Hiftoire naturelle des quadrupedes repréfentés d'après nature. *Erlang ,* 1775. 2 vol.
in-4₀. br.

   Avec 90 fig. enluminées.

191 Abrégé d'hiftoire naturelle des quadrupedes vivipares & des oifeaux , par Holandre. *Aux Deux-Ponts ,* 1790. 8 vol. in-8°.
gr. pap. fig. br.

   *Les quadrupedes en noir , & les oifeaux
enluminés.*

192 Defcrizioni degli animali quadrupedi da
Innocente Aleffandri e Pietro Scattaglia.
In Venezia , 1771. 4 tom. 1 vol. in-fol.
carta magna. m. r.

   200 fig. enluminées.

   Hiftoire naturelle générale des oifeaux.

193 Hiftoire naturelle des oifeaux , par Buffon,
Paris , I. R. 1770. 10 vol. petit in-fol.
—Rec. de 1008 pl. enluminées , 4 vol. petit
in-fol. maroq. r.

   *On y a joint à la fin du 4ᵉ vol. des pl.
une table alphabétique manufcrite des oifeaux , avec le renvoi au Nᵒ. de la planche.*

194 Ornithologie de Briffon. *Paris ,* 1760.
6 vol. in-4°. fig. v. m.

195 Deffins originaux des fix volumes de l'or-

nithologie de Briſſon 1760, contenant 590 planches, avec le nom au bas, le renvoi au N°, &c. encadrées avec ſoin, format in-fol. 2 vol. m. v. dentelle.

On a joint à chaque volume, pour en faciliter l'uſage, une table manuſcr. de l'explication des figures.

196 L'hiſtoire naturelle éclaircie dans une de ſes parties principales, l'ornithologie, qui traite des oiſeaux de terre, de mer & de riviere, par Salerne. *Paris*, 1767. in-4°. gr. pap. mar. r.

31 figures enluminées.

197 Hiſtoire naturelle des oiſeaux, ornée de 306 eſtampes qui les repréſentent parfaitement au naturel, deſſinées & gravées par Eléazar Albin, avec remarques de W. Derham. *La Haye*, 1750. 3 vol. in-4°. g. pap. v. m. tr. dor.

198 A general ſynopis of birds by John Latham. *London*, 1781. 7 vol. in-4°. v. m. dentelle, reliure Angloiſe.

Figures enluminées.

199 Index ornithologicus ſive ſyſtema ornithologiæ à Joanne Latham. *Londini*, 1790. 2 vol. in-4°. brochés en carton.

Hiſtoire naturelle particuliere des oiſeaux.

200 Amuſemens des dames dans les oiſeaux 2 — 10 ſ
de voliere, par Buchoz. *Paris*, 1782. in-12.
v. m.

201 Oiſeaux des Pays-Bas, avec leurs nids, 4 9 v -
&c., par Cornel. Nozeman, en Hollandois.
Amſterd. Sepp, 1770. 3 vol. in-fol. atlantico,
v. m. fil. d'or.

Ouvrage d'une belle exécution, avec 121
figures enluminées.

202 Monographia ſtaphylinorum Sueciæ à Guſ- 6 - 10 -
tavo de Paykull. *Upſaliæ*, 1789. in-8°. br.

203 Hiſtoire naturelle de quelques oiſeaux,
par G. Fr. Goſſ. *Hanau*, 1786. in-8°. br. 4 -

Avec 6 pl. enluminées.

Hiſtoire naturelle des poiſſons, &c.

204 Hiſtoire des poiſſons, par Antoine Gouan. 7 - 15 -
Strasbourg, 1770. in-4°. fig. v. m.

205 Ichtyologie, ou hiſtoire naturelle géné- 1 5 8 0 -
rale & particuliere des poiſſons, avec des
figures enluminées, deſſinées d'après nature
par Marc Elieſer Bloch. *Berlin*, 1785. 6
parties, 2 vol. in-fol. m. r.

Exemplaire complet en grand papier avec
216 figures enluminées.

206 P. M. Augufti Brouffonet ichtyologia
fiftens pifcium defcriptiones & icones, in-
4°. g. p. fig. broché.

207 Cabinet des raretés d'Amboine, contenant poiffons, coquillages, minéraux, pierres & terres qui fe trouvent tant à Amboine
que dans les ifles voifines, par Georg. Evr.
Rumphius. *Amflerdam*, 1705. in-fol. fig.
v. f. tr. dorée.

Le texte en Hollandois.

208 Thefaurus imaginium pifcium teftaceo-
rum, &c. à G. Everh. Rumphio. *Lug. Batav.*
1711. in-fol. fig. bafane.

209 Jac. Theod. Klein, naturalis difpofitio
echinodermatum (Ourfins) edente Nath.
God. Leske. *Lypfiæ*, 1778. in-4°. mar. r.

Avec 54 fig. enluminées.

210 Effai d'une hiftoire nat. des crabes & écre-
viffes, avec une defcription fyftématique
de leurs différentes efpeces, par J. Fr. G.
Herbft. *Zurich*, 1782. in-4°. fig. br.

21 *planc. gr. pap. enlum. le texte en allemand. Ouvrage d'une fuperbe exécution.*

Hiftoire naturelle des coquilles, &c.

211 Hift. nat. éclaircie dans deux de fes part.
principales,

[33]

principales , la conchyliologie & la zoo-
morphofe , par (Dezallier Dargenville.)
Paris, 1757. in-4°. gr. pap. fig. v. m.

213 La conchyliologie , ou hift. nat. des coquilles de mer , d'eau douce , terreftres &
foffiles , par Dargenville. *Paris*, 1780. 3
vol. in-4°. gr. pap. fig. mar. r.

*On a mis dans cet Ex. chaque planche en
face de l'explication , & réfervé à part celles
qui attendent encore du difcours.*

214 Les figures de la conchyliologie de Dargenville , au nombre de 83 planches, in-4°.
g. p. mar. r.

Epreuves avant la lettre.

215 Figures des coquilles jufqu'à préfent in-
connues , recueillies en divers voyages à la
mer du Sud , depuis 1764 , & données au
public par Th. Martyn. *Londres* , 1784. 4
vol. in-fol. oblong.

*Iere. édition de reliure angloife & très-
élégante , m. r. dentelle.*

*Cet exemplaire eft un de ceux que Martyn
s'eft réfervé de peindre lui-même avec un foin
particulier , fur papier vélin encadré de papier bleu. Les planches font au nombre de
180 ; on y a ajouté la préface & l'introduc-*

*tion du même format qui manquent à beau-
coup d'exemplaires , & de plus les types de
8 médailles d'or gravées fur papier vélin ,
par Martyn , qui en avoit été gratifié par les
Princes foufcripteurs à fon ouvrage.*

216 Conchologifte univerfel, par Th. Martyn.
Londres , 1789. in-4°. gr. p. vélin , m. viol.
reliure angloife.

*Avec 80 figures deffinées & peintes d'après
nature.*

217 Dictionnaire d'hiftoire naturelle qui con-
cerne les teftacées , ou les coquillages de
mer , de terre & d'eau douce , par Favart
d'Herbigni. Paris , 1775. 3 vol. in-8°. v. m.

218 Jac.-Theod. Klein tentamen methodi of-
tracologicæ. Lugd. Batav. 1753. in-4°. fig.
v. m. avec 12 pl.

219 Teftacea mufei Cæfarei Vindobonenfis ,
juffu Mariæ Therefæ difpofuit & defcripfit
Ignatius à Born. Vindobona , 1780. in-fol.
maroq. viol. dentelle , reliure angloife.

*Figures enluminées repréfentant 440 ef-
peces de coquillages.*

220 Entomoftraca feu infecta teftacea in aquis
Daniæ & Norvegiæ ab Oth. Fr. Muller. Lypfiæ , 1785. in-4°. dem. rel. avec 31 pl.

221 Index teftarum conchyliorum quæ adfer-
vantur in mufeo Nicolai Gualtieri. *Floren-
tiæ*, 1742. in-fol. avec 110 fig. v. f. tr. dorées.

222 Hiftoire naturelle du Sénégal, (coquillages,) avec la relation d'un voyage en ce
pays en 1749 — 1753, par Adanfon. *Paris*,
1757. in-4°. fig. v. m.

223 Le même. *Paris*, 1757. in-4°. fig. mar.
verd.

   Exemplaire en grand papier.

224 Effai fur l'hiftoire naturelle des corallines
& d'autres productions marines du même
genre, qu'on trouve fur les côtes de la grande
Bretagne & d'Irlande, par J. Ellis. *La Haye*,
1756. in-4°. fig. v. f. f.

225 Hiftoire naturelle de plufieurs zoophytes
rares & curieux recueillis de différentes part.
du monde, par J. Ellis, arrangés & décrits
fyftématiquement , par Daniel Solander ,
avec 62 planches gravées par les meilleurs
artiftes. *Londres*, 1776. in-4°. grand pap.
fig. m. r.

   En Anglois.

226 Plantes marines peintes d'après nature ,
avec leur defcription, par Eugene Chr. Ef-

per. *Nuremberg*, 1788. — 1790. 8 cahiers
in-4°. br.

Figures enluminées ; le texte en allemand.

Histoire naturelle générale des insectes &
papillons.

227 Théologie des insectes traduite de l'alle-
lemand de Lesser, par Lyonnet. *La Haye*,
1742. 2 vol in 8°. fig. basane.

228 Histoire générale des insectes, par J. Swam-
merdam. *Utrecht*, 1685. in-4°. fig. v. br.

229 De animalibus insectis libri 7. ab Ulisse
Aldrovando. *Bononiæ*, 1638. in-fol. figures.
v. br.

230 Archetypa studia quæ patris Georg. Hoef-
nagelii de insectis. *Francofurti*, 4 parties,
1 vol. in-4°. oblong, dem. rel.

52 planches gravées par Paul Furst.

231 Dessins de reptiles, polypes, insectes, &c.
1 vol. in-4°. m. r.

On a inféré dans ce volume des notes &
mémoires de divers favans Franç.& étrangers,
fur plufieurs de ces deffins au nombre de plus
de 1200, ce qui les rend infiniment précieux.

232 Metamorphosis & historia naturalis insectorum à J. Goedartio cum commentar.

J. de Mey. *Medioburgi*, 1662. 2 v. in-8°.
v. f. tr. dorées.

Figures enluminées.

233 Métamorphoses naturelles, ou histoire des   12   5
infectes, par J. Goedart. *Amsterdam*, 1700.
3 tom. 2 vol in-8°. fig. v. f.

234 Histoire des infectes, par J. Léon Frisch.   6 - 10 -
Berlin, 1730. 13 cahiers, 1 vol. in-4°. fig.
dem. rel.

Le texte en allemand.

235 Mémoires pour servir à l'histoire des infec-   150 -
tes, par Reaumur. *Paris*, I. R. 1734. 6 vol.
in-4°. fig. v. m. f.

Exemplaire de premiere édition.

236 Roesel historia naturalis infectorum Ger-   445 -
manicè. *Nuremberga*, 1746. 5 vol. in-4°.
m. r. dentelle.

Exemplaire choisi pour la beauté de l'en-
luminure. un 2.° exemplaire broché ———   280 -

Les papillons y font partagés en 6 classes
décrites avec leur origine ; leurs métamorpho-
ses & toutes leurs particularités étonnantes ,
en 78 pl. qui en repréfentent 121 , deffinées
& enluminées d'après nature.

Kleeman y a mis une préface , où il
traite de la nourriture des infectes , des en-

droits où ils se trouvent ; & de leurs classi-
fications.

On y a joint une premiere épreuve de la
traduction françoise qui n'a pas été con-
tinuée.

237 Mémoires pour servir à l'histoire des insectes, par Ch. de Geer. *Stockholm,* 1752.
7 vol. in-4°. fig. v. brun.

Très-rare en France.

238 Jo. Ch. Fabricii, systema entomologiæ.
Lypsiæ, 1775. 4 vol. in-8°. v. m.

239 Jos. Chr. Fabricii, species insectorum.
Kilonii, 1781. 2 vol. in-8°. v. m.
Ejusdem.
240 Caroli Linnæi, mantissa insectorum.
Hafniæ, 1787. 2 tom. 1 vol. in-8°. bas.

On y a joint à la fin en manusc. la ma-
niere de faire usage de la table.

241 Hist. naturelle des insectes, par Olivier,
(extrait de l'Encyclopédie méthodique)
Paris, 1790. 4 tom. 2 vol. in-4°. v. m.

242 Entomologie, ou histoire naturelle des
insectes, par Olivier. *Paris,* 1790. 2 vol.
in-4°. tirés sur format in-folio pap. d'Hollande, m. verd. dentelle.

Les figures à part en porte-feuille ; au

nombre de 245 *pl. font peintes fur vélin avec
la plus grande perfection.*

Cet Exemplaire eft unique.

243 La même entomologie in-4°. tirée fur
format in-folio. papier d'Hollande, en
feuilles.

Avec les 269 *pl. enluminées. & en noir.*

244 La même entomologie, 3 vol. in-4°. gr.
pap. en feuilles.

Avec les 269 *pl. peintes fur vélin.*

245 La même entomologie, 3 vol. in-4°.
gr. pap.

*av. la lettre
Figures enluminées en feuilles.* 257 *Plan.*

246 M. Th. Brunnichii, entomologia. *Hafniæ,*
1764. in-8°. fig. br.

247 Magafin entomologique, par J. Cafp.
Fuefsly. *Zurich,* 1778. 4 vol. in-8°. dém. rel.

Avec fig. enluminées ; le texte en allemand.

248 Archives des infectes, par Fuefsly, contenant 54 pl. enluminées avec leur defcription en allemand, in-4°. br.

249 Les caractères des infectes fuivant Linnée,
repréfentés dans 24 planches avec leur hiftoire, par Sulzers. *Zurich,* 1761. in-4°.
m. v.

*Le texte en allemand, & les figures en-
luminées.*

*n.° 245. aut. exempl. fi. av. la lettre pap.
vel. 254. fi. retiré à.* ———————

250 Hiſtoire abrégée des inſectes d'après le ſyſtème de Linnée, par Sulzers. *Zurich,* 1776. in-4°. gr. pap. m. v.

Le texte en allemand, & les fig. au nombre de 34 pl. enluminées.

251 Supplément à l'hiſtoire naturelle des inſectes, par A. G. Knoch. *Léypſick,* 1781. 3 vol. in-8°. br.

Figures enluminées, le texte en allemand.

252 Abrégé de l'hiſtoire des inſectes, dedié aux jeunes perſonnes, (par Bazin). *Paris,* 1764. 2 vol. in-12. v. m.

253 Table alphabétique des papillons connus juſqu'ici dans toutes les parties du monde, avec leurs ſynonymies, par Conrad Chr. Jung. *Marktbreit,* 1791. in-8°. bl.

En allemand & latin.

Hiſtoire naturelle particuliere des inſectes & papillons.

254 La flore des inſectophiles, précédée d'un diſcours ſur l'utilité des inſectes & de l'étude de l'inſectologie, par Jacq. Brez. *Utrecht,* 1791. in-8°. en feuilles.

255 Amuſement microſcopique tant pour l'eſprit que pour les yeux, contenant 50 eſtampes

deſſinées d'après nature & *enluminées* , avec leurs explications , par Martin Frobene Ledermuller. *Nuremberg* , 1764. — Réponſe de Ledermuller à quelques objections & doutes de Gleichen , pour ſupplément aux amuſement microſcopiques , 1768. 2 tom. 1 vol. in-4°. m. r.

256 Obſervation ſur la ſtructure des yeux de divers inſectes & ſur la trompe des papillons, par Pujet. *Lyon* , 1706. in-8°. fig. baf.

257 Hiſtoire des inſectes utiles & nuiſibles à l'homme , aux beſtiaux , à l'agriculture & au jardinage , par Buchoz. *Paris* , 1782. in-12. v. m.

258 Recherches ſur les chenilles , les vers & inſectes rampans & volans, par Et. Blankaart, & trad. du hollandois en allemand ; par J. Chr. Rodochs. *Léypſick* , 1700. in-8°. fig. en carton doré.

259 Traité anatomique de la chenille qui ronge le bois de ſaule , par P. Lyonnet. *La Haye* , 1762. in-4°. fig v. m.

Exemplaire ſur papier fort ; *toutes les planches ont été gravées à la loupe avec le plus grand ſoin.*

260 Eſſais ſur l'hiſtoire des poux qui mangent

les feuilles de l'orme , par Gleichen , avec
une préface de Delius. *Nuremberg , 1770.*
in-4°. v. m.

Figures enluminées , le texte en allemand.

261 Repréfentation exactement colorée d'a-
près nature , des cigales & des punaifes des
quatre parties du monde , raffemblées &
décrites par Cafpar Stoll. *Amſterd. Sepp ,
1780.* 12 cahiers , 1 vol. in-4°. gr. p. m. r.

Figures enluminées.

262 Repréfentation exactement colorée d'après
nature des fpectres , des mantes , des faute-
relles , des grillons , des criquets & des
blattes , des quatres parties du monde , raf-
femblés & décrits par Cafpar Stoll. *Amſt.
Sepp ,* 1787. 3 cahiers , in-4°. br.

Figures enluminées.

263 Les mêmes cahiers 2 & 3 , in-4°. br.

Figures enluminées.

264 Mémoires fur quelques infectes , connus
fous le nom de thermes , ou fourmis blan-
ches , par H. M. Smeathman , rédigé par C.
Rigaud. *Paris , 1786.* in-8°. fig. br.

265 Mémoires fur l'éducation des vers à foie.—
Traité fur la culture des mûriers , & de l'o-
rigine du miel , par Boiffier Sauvages. *Nîmes,*
1763. in-8°. bafane.

266 Mémoire pour l'histoire d'un genre de polypes d'eau douce, (à bras en forme de cornes, par Trembley. *Paris*, 1744. 2 vol. in 8º. fig. baf.

267 Effai fur l'hiftoire naturelle du polype infecte, par H. Baker, traduit par Demours. *Paris*, 1744. in-8º. fig. baf.

268 Defcription & figures enluminées de fcarabées & d'infectes, par Voet, avec l'explication en hollandois, latin & françois, 2 parties, 1 vol. in-4º. m. v. 96 planches enluminées, bien complet.

N. B. *Il n'exifte pour cet ouvrage ni frontifpice, ni préface, ni épître dédicatoire, ni nom d'auteur ou de libraire, ni avertiffement.*

269 Trois fcarabées peints en miniature, par Th. Mattyn, fur papier vélin in-fol.

Les naturaliftes connoiffent la perfection admirable des peintures de cet ingénieux artifte, & les difficultés pour fe procurer de tels chefs-d'œuvre.

Hiftoire naturelle des infectes & papillons de différens pays.

270 Papillons d'Europe peints d'après nature, par Ernft, (fous la direction de Dorcy) con-

tenant chenilles , chryfalides, papillons de jour & de nuit , fphinx & phalenes. *Paris ,* 1779. in-4°. tiré fur format in-fol. m. r. dent. tabis.

Exempl. fur pap. d'Hollande , avec 342 pl. peintes fur vélin. Il n'exifte que ce feul exemplaire.

retire
à — 800
271 Les mêmes papillons d'Europe, in-4°. tiré fur format in-fol. mar. v. dentelle.

Exempl. fur pap. d'Hollande , avec 342 pl. de doubles épreuves en noir & en couleur.

400 — 272 Les mêmes papillons d'Europe peints d'après nature , par Ernft, (fous la direction de Dorcy) Par. 1779. 4 vol. in-4°. gr. pap. m. r.

Figures doubles avant la lettre , & en noir. On y joindra auffi les mêmes figures enluminées en porte-feuille.

600 — 273 Les mêmes papillons d'Europe peints d'après nature , par Ernft, (fous la direction de Dorcy) *Paris ,* 1779. 4 vol. in-4°. gr. pap. v. jafpé. tr. dor.

Avec fig. enluminées.

12 — 2 — 274 Explication des planches de l'ouvrage fur les papillons d'Europe , favoir, papillons de jour & de nuit , fpinx & phalenes , 1786. in-4°. mar. r. pap. d'Hollande.

275 Collection des papillons d'Europe , par *ry 4*
Eugene J. C. Esper. *Erlange* , 1777. 5 vol. *doub.* *retiré a*
in-4°. m. r. Les tom. 1 & 2. papillons de   *60* *4 vol.*
jour, — le 3e. fpinx , — le 4e phalenes fileu-
fes — le 5e phalenes hiboux.

Le texte en allemand , & les figures
peintes & enluminées d'après nature.

276 J. Andr. B. Bergftraefferi icones papilio-
num diurnorum quotquot adhuc in Europâ
occurrunt. *Hanoviæ* , 1779. 3. part. in 4°. br.
Fig. enluminées , le texte en allemand.   *36*

277 Spinghum Europæar. larvæ quotquot adhuc innotuerunt , ab H. Vilh. Bergftraeffer.
Hanau , 1782. in-4°. fig. br.

Fig. enlum. texte allemand.

278 Defcription fyftématique des papillons   *7*
d'Europe , par l'auteur du *Nomenclator ento-*
mologicus , depuis les papillons de jour jufqu'aux phalenes. *Deffau* , 1785. in - 8°.
fig. br.

Fig. enluminées , le texte en allemand.

279 Hiftoire abrégée des infectes des environs   *66*
de Paris, par Geoffroi. *Paris* , 1762. 2 vol.
in-4°. fig. v. br.

280 Entomologia Parifienfis , five catalogus   *5- 5-*
infectorum quæ in agro Parifienfi reperiun-

rur , autore Fourcroy. *Parisiis* , 1785. 2 vol.
in-12. p. f. baf.

860   281 Papillons exotiques des trois parties du
monde , l'Afie , l'Afrique & l'Amérique , raf-
femblés & décrits par P. Cramer , deffinés
fur les originaux , gravés & enluminés fous
fa direction. *Utrecht* , 1779. 4 vol. in-4°.
gr. pap. m.

    Exempl. complet , contenant les 34 li-
vraifons.

25   282 Collection des papillons exotiques , par
Eugene J. C. Efper. *Erlange* , 1784. in-4°.
fig. br.

    Les fix premiers cah. avec les fig. enlum.
Le texte eft en allemand.

120-19   283 Illuftrations of natural hiftory of exotic
infects by D. Drury. *London* , 1770. 3 vol.
in-4°. gr. pap. br. en carton.

    Avec 150 pl. enluminées.

630   284 Infectes anglois avec des obfervat. & remarques curieufes , par Moïfe Harris. *Lon-*
dres , 1776. 2 vol. in-4°. gr. pap. petit in-fol.
mar. r. dentelle ; *chef-d'œuvre de reliure*
angloife.

    Cinquante figures peintes en miniature du
plus précieux fini , par Th. Martyn , fur gr.

pap. vélin , & l'explication reliée de la même
grandeur avec onglets.

285 Expofition des infectes qui fe trouvent en
Angleterre , repréfentés fur 51 pl. qui con-
tiennent près de 500 figures correctement
deffinées & coloriées d'après nature , confor-
mément au fyftême de Linnée , avec remarques , par Moïfe Harris. *Londres ,* 1786.
in-4°. gr. pap. v. éc. dentelle , rel. angl.

286 Les genres des infectes de Linné , conftatés
par divers échantillons d'infectes d'Angleterre , copiés d'après nature , par J. Barbut.
Londres , 1781. in-4°. m. verd.

   Avec 22 pl. enluminées.

287 Hiftoire naturelle des araignées , & par-
ticulierement de celles d'Angleterre , par
Martin Lifters , trad. du latin par Martini.
Quedlinbourg , 1778. in-8°. fig. v. m.

   Le texte en allemand.

288 Confidération fur les merveilles de Dieu
dans fes créatures les moins eftimées , ou
infectes des Pays bas , par J. Chr. Sepp.
Amfterdam , 1762. 2 vol. in-4°. un mar. verd
& un br.   Texte Hollandais

   Figures enluminées.

289 Nomenclature & defcription des infectes

du Comté d'Hanau & des environs, par
J. A. Bergstraesser. *Hanau*, 1778. 4 part.
1 vol. in-4°. baf.

Le texte en allemand, avec 96 pl. enlum.

290 Hydrachnæ quas in aquis Daniæ paluftri-
bus detexit Otho Frid. Muller. *Lypfiæ*, 1781.
in-4°. dem. rel.

Ex. en papier fort, avec 11 pl. enluminées.

291 Caroli Clerck Aranei Suecici defcriptionibus & figuris æneis illuftrati ad genera
fubalterna redacti, fpeciebus ultra 60 deter-
minati, fuecicè & latinè. *Stokolmiæ*, 1757.
in-4°. m. r.

Exemplaire fur beau papier, avec 6 figu-
res enluminées, très-rare en France.

292 Caroli Clerck icones infectorum ratio-
rum cum nominibus eorum trivialibus locif-
que e C. Linnæi, fyftemate naturali allegatis
fuecicè & latine. *Holmiæ*, 1759 in-4°. m. r.
55 pl. enluminées.

Tous les naturalistes connoissent l'excef-
sive rareté de ces deux ouvrages ; M. Debure
en a donné une notice très-exacte dans le
catalogue de M. de Limare, à la vente duquel
le premier a été vendu 600 liv. & le second
720 liv.

Nous

Nous ajouterons feulement , que ces 2 volumes font d'une parfaite confervation.

293 J. Chr. Schæfferi, icones (280) infecto- 157
rum circa Ratisbonam indigenorum coloribus naturam referentibus expreffæ. *Regensburg ,* 1766. 3 vol. in-4°. gr. pap. fig. v. éc.
tr. dorées.

294 Jacobi Chrift. Schæfferi icones, (280) 261
infectorum circa Ratisbonam indigenorum
coloribus naturam referentibus expreffæ.
Ratisbonæ , 1779. 3 vol. in-4°. gr. pap.
fig. m. r.

    Papier fatiné.

295 Icones infectorum circa Ratisbonam indi- 7 - 1
genorum à J. Ch. Schæffero. *Regensburg ,*
1784. in-8°. v. m.

296 Catalogue des papillons des environs 6 - 2
d'Augsbourg, avec les noms fr. lat. & allem.
par H. Got. Langs. *Augsbourg ,* 1789. 2 vol.
in-8°. demi-rel. *fuppl. à l'hift. des Pap.* en allem 5 - non fini.

297 Icones infectorum præfertim Roffiæ Sibi-
riæque peculiarium , à P. Simon Pallas.
Erlangæ , 1781. avec 6 pl. enluminées.
    Cet ouvrage n'eft pas fini.
—— Papillons & infectes exotiques, par Jablonsky, 12 planches in-4°. fig. enluminées.

28 -
avec l'art.
fuivant.

avec le texte en allemand. in-8°. br.

—— Vincentii Petagnæ specimen insectorum ulterioris Calabriæ. *Francofurti* , 1787. 3 parties , 1 vol. in-4°. demi-rel.

298 Système naturel de tous les insectes indigenes & exotiques, connus d'après le système de Linné , par Ch. Gustave Jablonsky. *Berlin* , 1784. 5 vol. in-8°. demi-rel.

Le texte est en allemand, & les figures tirées sur format in-4°. pour servir de suite à l'histoire naturelle de Buffon.

299 Catalogue systématique des papillons des environs de Vienne , par quelques professeurs au Collège Ste.-Thérèse. *Vienne* , 1775. in-4°. gr. p. rel. à compart.

Figures enluminées , le texte en allemand.

300 Description des insectes de la Suisse, par J. Caspar Fuessling. *Zurich* , 1775. in-4°. g. p. dem. rel.

Figures enluminées , le texte en allemand.

301 Xaverii Wulfen descriptiones quorumdam capensium insectorum. *Erlanga*, 1786. in-4°. dem. rel.

Figures enluminées.

302 Dissertation sur la génération & les transformations des insectes de Surinam , par

Marie-Sibille Merian. *La Haye*, 1726. in-fol.
atlantico. v. m.

Figures enluminées.

Hiftoire naturelle de différens pays.

304 Hiftoire naturelle de la province de Dauphiné, par Faujas. *Grenoble*, 1781. in-8°.
fig. baf.

305 Defcription des Alpes Pennines & Rhe-
tiennes, par T. Bourrit. *Genêve*, 1781. 2
v. in-8°. fig. v. m. f.

306 Defcription des glacieres & des glaciers
de Savoye, par Bourrit. *Genêve*, 1785. in-8°.
fig. v. m.

307 Manuel pour les favans & les curieux qui
voyagent en Suiffe, par Beffon. *Laufanne*,
1786. 2 tom. 1 volume in-8°. v. m.

308 Voyages dans les Alpes, précédés d'un
effai fur l'hiftoire naturelle des environs de
Genêve, par Horace Benedict. de Sauffure.
Genêve, 1786. 2 volumes in-4°. figures.
v. m.

309 Les mêmes. *Neuchâtel*, 1789. tome 1.
in-4°. fig. v. m.

310 Obfervations faites dans les Pyrénées, pour
fuite aux obfervations fur les Alpes, par

William Coxe. *Paris*, 1789. 2 tom. 1 vol.
in-8°. fig. v. m.

311 Introduction à l'histoire naturelle & à la
géographie physique de l'Espagne, trad. de
l'Espagnol de G. Bowles, par Flavigni.
Paris, 1776. in-8°. fig. v. m.

312 Essai sur l'histoire naturelle de la France
équinoxiale, par P. Barrere. *Paris*, 1749.
in-12. v. m.

313 Histoire naturelle de la Hollande équinoxiale, ou description de Surinam, par Ph.
Fermin, *Amsterdam*, 1765. in-8°. fig. v. m.

314 Description & hist. natur. du Groenland,
par Eggede, trad. par Desroches de Par-
thenay. *Copenhague*, 1763. in-8°. fig. v. m.

MÉLANGES D'HISTOIRE NATURELLE.

*Cabinets ou Collections de curiosités de la nature
& de l'art.*

315 Exposé succinct de la nature, de l'origine
& des progrès d'un établissement particulier,
formé pour instruire la jeunesse dans l'art
d'expliquer & de peindre des sujets d'hist.
naturelle, par Thomas Martyn. *Londres*,
1789. in-4°. br.
En anglois & françois.
le même.

316 Mém. inftructif fur la maniere de raffem-
bler, de préparer, de conferver & d'en-
voyer les diverfes curiofités d'hiftoire naturelle (par Turgot.) *Lyon*, 1758. in-8°. fig. baf.

317 Traité fur la maniere d'empailler & de
conferver les animaux, les pelleteries & les
laines, par Maneffe. *Paris*, 1787. in-12. baf.

318 Le voyageur naturalifte, par J. Coakley
Lettfom. *Paris*, 1775. in-12. v. m.

319 Une liaffe de differtations fur l'hiftoire
naturelle, in-4°. br.

320 Locupletiffimi rerum naturalium thefauri
accurata defcriptio ab Alb. Sebâ. *Amftelod.*
1734. 4 vol. in-fol. atl. fig. v. éc. tr. dor.
Exempl. choifi.

321 Defcription des animaux quadrupedes,
oifeaux, &c. de la plus belle efpece du
cabinet du Stadhouder & autres célébres de
la Hollande, par A. Vofmaer. *Amfterdam*,
1769. in-4°. br.
Avec fig. enluminées.

322 Reliquiæ houftounianæ, feu plantarum
in Americâ meridionali, à G. Houftoun
collectarum icones, in Bibliothecâ J. Banks
affervatæ. *Londini*, 1781. in-4°. br.
Exempl. fur pap. d'Hollande, avec 26 pl.

323 Defcription de la bibliotheque dé Merly dans le comté de Dorfet. *Londres*, 1785. in-fol. atl. dem. rel.

En anglois & françois.

Ouvrage fingulierement curieux, par les gravures repréfentant les buftes, cartouches, corniches & médaillons dont cette bibliotheque eft ornée.

De tous les différens fyftêmes de religion établis par une politique purement humaine, le deffinateur n'en a employé que deux, ceux de Zoroaftre & de Mahomet.

324 Catalogue du (mufæum) de la ducheffe de Portland, contenant hiftoire naturelle, livres, médailles, &c. *Londres*, 1786. in-4°. dem. rel.

325 Nicolai Jofephi Jacquin, mifcellanea Auftriaca ad botanicam chemiam & hiftoriam naturalem fpectantia cum 44 figuris partim coloratis. *Vindobonæ*, 1778. 2 tom. 1 vol. in-4°. fig. m. r.

326 Mufæum Carlfonianum in quo novas & felectas aves coloribus ad vivum brevique defcriptione illuftratas exhibet Andr. Sparrman. *Holmiæ*, 1786. in-fol. m. r. contenant les trois premieres livraif. la 4e. en feuilles. 100 *figures enluminées.*

327 Fauna etrufca fiftens infecta quæ in pro-
vinciis Florentinâ & Pifanâ præfertim colle-
git Petr. Roffius. *Liburni*, 1790. 2 tom. 1
vol. in-4°. gr. p. v. m. denrelle, reliure angloife.

> *Exemplaire fur beau papier avec les figu-*
> *res enluminées.*

328 Catalogue fyftématique & raifonné des
curiofités de la nature & de l'art, du cabinet
de Davila. *Paris*, 1767. 3 vol. in-8°. fig. v.
m. f.

> *On y a ajouté les prix en marge de chaque*
> *article.*

329 Defcription méthodique d'une collection
de minéraux du cabinet de (Romé de Lifle.)
Paris, 1773. in-8°. fig. v. m.

330 Defcription méthodique du cabinet de
l'école des mines, par Sage. *Paris*, I. R.
1784. 2 vol. in-8°. v. m.

331 Catalogues de différens cabinets de curiofités d'hiftoire naturelle, &c. &c. par Rémy,
Helle & autres, 14 vol. in-8°. & in-12 rel.
dont quelques-uns avec les prix.

332 Une liaffe de 24 pieces, catalogues de
cabinets, de tableaux, d'hiftoire naturelle &
autres curiofités des arts, in-8°. br.

Médecine & anatomie.

333 Dictionn. portatif de médecine, d'anatomie, chirurgie, chymie & hist. natur.
par J. Fr. Lavoisien. *Paris*, 1771. 2 vol.
in-8°. baf.

334 Précis de la médecine pratique, par Lieu-
taud. *Paris, Vincent*, 1776. 2 vol. in-8°.
v. m.

335 Médecine pratique & moderne, ap-
puyée fur l'obfervation, par Buchoz. *Paris*,
1782. in-8°. br.

336 Médecine domeftique, par G. Buchan,
trad. par Duplanil. *Paris*, 1780. 5 vol.
in-8°. v. m.

337 De la fanté, ouvrage utile à tout le
monde, par Jacquin. *Paris*, 1771, in-12.
bafane.

338 Traité d'anatomie & de phyfiologie,
avec des planches coloriées, par Vicq d'Azir.
Paris, Didot A. 1786. 9 cahiers, 1 vol.
in-fol. fig. enluminées. br.

Chymie.

339 Analyfe chymique, ou concorde des trois
regnes, par Sage. *Paris, I. R.* 1786. 3 vol.
in-8°. fig. v. m.
340

340 Examen chymique de différentes fubf-
tances minérales , par Sage. *Paris* , 1769.
in-12. v. éc.

341 Mémoires de chymie, de Sage. *Paris* ,
I. R. 1773. in-8°. fig. v. m.

342 Art d'effayer l'or & l'argent, & autres ouvrages de chymie, par Sage. *Paris* , *I. R.*
1780. in-8°. fig. v. m.

343 Elémens de chymie , par de Machy.
Paris , 1757. 6 vol. in-12.

344 Lettres de Demefte à Bernard , fur la
chymie & la phyfique en général. *Paris* ,
1779. 2 vol. in-12. baf. n° 341 bro. avec.

345 Elémens de chymie docimaftique, à l'u-
fage des orfévres, effayeurs & affineurs, par
Ribancourt. *Paris* , 1786. in-8°. baf.

346 Recueil de mémoires & d'obfervations
fur la formation & fur la fabrication du
falpêtre. *Paris* , 1776. in-8°. fig. v. m.

347 Obfervations fur le travail des eaux-mères,
du falpêtre, & fur celui des eaux d'attelier,
l'art de fabriquer le falin & la potaffe. *Paris* ,
I. R. 1778. 2 tom. 1 vol. in 8°. fig. v. m.

Arts.

348 Encyclopédie ou dictionnaire raifonné des

[58]

fciences , des arts & des métiers , par une
fociété de gens de lettres , mis en ordre par
Diderot & Dalembert. *Genéve ,* 1777. 39
vol. in-4°. fig. v. éc. tr. dor.

349 Encyclopédie méthodique, par une fociété
de gens de lettres. in-4°. fig. br.
Les 38 premieres livraifons.

350 Encyclopédie portative, ou tableau général des connoiffances humaines. *Paris ,*
1777. 2 vol. in-8°. v. m.

351 Hiftoire des progrès de l'efprit humain
dans les fciences & dans les arts , par
Saverien. *Paris ,* 1775. 4 vol. in-8°. fig.
v. m.

352 Origine des premieres fociétés des peuples , des fciences , des arts & des idiômes
anciens & modernes, (par Poinfinet). *Paris ,*
1770. in-8°. v. éc.

353 Dictionnaire des origines , ou époques
des inventions utiles , des découvertes, &c.
Paris , 1777. 6 vol. in-8°. v. m.

354 Journal de Francfort , ou recueil pour la
connoiffance des arts & des fciences utiles ,
commencé en 1780. *Francfort ,* 1780. 3 vol.
in-12. v. m.
Figures enluminées.

355 Miscellanies by Daines Barrington. *London*, 1781. in-4°. fig. demi-rel.

356 Mélanges de divers mémoires modernes, sur les arts & les sciences, 6 vol. in-8°. demi-rel.

357 Echantillons de papiers faits de différens végétaux, par J. Chr. Schæffer. *Regensburg*, 1772 in-8°. m. r.

On y a joint une explication en allemand, avec quatres épreuves de plantes enluminées fous les yeux de l'auteur.

358 Epreuves des caractères de la Fonderie de Jean Enfchede. *Harlem*, 1768. in-8°. v. m.

359 Essai sur la musique ancienne & moderne, par de la Borde. *Paris*, 1780. 4 vol. in-4°. fig. v. m. f.

Arts du deffin, de la peinture & de l'architecture.

360 Collection d'eftampes gravées d'après les tableaux des plus grands maîtres, fous la direction de le Brun. *Paris*, 1777. les fept premieres livraifons. in-fol. fig. br.

Exemplaire de foufcription.

361 La galerie de Duffeldorff, ou catalogue raifonné & figuré de fes tableaux, par Nicolas

de Pigage. *Baſle*, 1778. 2 vol. in-fol. oblong. br. en carton.

Cette ſuite devient rare ici, par la diffi-culté de ne s'en procurer que contre des eſpeces.

362 Catalogue des tableaux de la galerie de Vienne, par Chr. de Mechel, en 1781. *Baſle*, 1784. in-8°. fig. demi-rel.

363 Catalogues de tableaux de divers cabi-nets, in-8°. & in-12. demi-rel.

364 Deux planches ou frontiſpices allégori-ques, pour l'univerſal Monitor, peints ſur papier vélin. in-fol. par Th. Martyn.

365 Cinq porte-feuilles de diverſes grandeurs, contenant des vues de Suiſſe, en couleur & en noir, pluſieurs marines & payſages, par Aliamet & autres, & portraits d'hommes célebres d'après Rigaud & autres.

On les détaillera à volonté des acheteurs.

366 Portrait de Charles Ier. gravé par Strange. *Belle épreuve, ſous verre.*

367 Maniere de s'habiller à Nuremberg, 52 fig. *enluminées.* — Vues de cette ville. in-12. v. m.

368 Dictionnaire d'architecture civile, mili-taire & navale, par Roland le Virloys. *Paris*, 1770. 3 vol. in-4°. gr. p. fig. baſ.

Art militaire & marine.

369 École militaire, par Raynal. *Paris,* 1762.
3 vol. in-12. v. m.

370 Essai sur l'art de la guerre, par Turpin
Crissé. *Paris,* 1754. 2 vol. in-4°. gr. p. fig.

371 Commentaires sur les mémoires de Mon-
técuculli, par Turpin Crissé. *Paris,* 1769.
3 vol. in-4°. fig. v. m.

372 Commentaires sur les institutions militaires de Végece, par Turpin. *Montargis,*
1779. 3 vol in-4°. fig. v. m.

373 Essai général de tactique, par Guibert.
Londres, (*Paris,*) 1772. 2 vol. in-8°. v. m.

374 Théorie de l'art du mineur, par J. M.
Geufs, traduit de l'allemand, par A. L.
Smeets. *Maestricht,* 1778. in-8°. fig. v. m.

375 Mémoire militaire de St. Germain, Mi-
et 377 nistre. *Amsterd.* 1779. in-8°. v. m. *1.vol.av.*

376 Recueil d'ordonn. militaires de France,
1786—1788. 4 vol. in-4°. dem. rel.

377 Conseil de guerre privé sur l'événement
de Gibraltar en 1782, pour servir d'exer-
cice sur l'art des siéges. *Paris,* 1785,
in-8°. v. m.
Avec cartes & plans.

378 Art militaire des Chinois, ou recueil
d'anciens traités sur la guerre, par différens
généraux Chinois, trad. en fr. par Amiot,
& publié par de Guignes. *Paris*, 1772.
in-4°. fig. v. m.

379 Histoire générale de la marine. *Paris*,
1744. 3 vol. in-4°. fig. v. m.

BELLES-LETTRES.

Grammaires & Dictionnaires.

380 De la maniere d'enseigner & d'étudier les
belles-lettres, par rapport à l'esprit & au
cœur, par Rollin. *Paris*, 1740, 2 vol.
in-4°. fig. v. f.

381 Monde primitif analysé & comparé avec
le monde moderne, par Court de Gebelin.
Paris, 1781. 9 vol. in-4°. fig. v. m.

382 Le grand apparat françois & latin. *Paris*,
Barbou, 1752. in-4°. baf.

383 Dictionnaire universel fr. & lat. dit *de
Trevoux*, *Paris*, 1771. 8 vol. in-fol. v. m.

384 Dictionn. fr. anglois, & angl. fr. par
A. Boyer. *Lyon*, 1762. 2 vol. in-4°. baf.

385 Dictionn. allemand-françois, & françois-
allemand, à l'usage des deux nations. *Strasbourg*, 1774. 2 vol. in-8°. baf.

[63]

386 Grammaire allemande, par Gottsched &
Juncker. *Strasbourg*, 1778 — 1780. 2 vol.
in-8°. aur. Gram. allem. avec.

Poëtes grecs & latins.

387 Œuvres complettes d'Homere, traduites
par Gin. *Paris*, 1784. 8. vol. in-12.

388 Les métamorphofes d'Ovide, trad. en fr.
avec remarques de Banier. *Amfterdam*,
1732. 3 vol. in-12. vélin.
    *Premiere édit. in-12. avec fig. de Bernard
    Picart.*

389 Les comédies de Térence avec le texte
latin & fr. & des notes de le Monnier.
Paris, 1771. 3 vol. in-8°. fig. de Cochin,
v. f. f.
    Exempl. fur beau pap. d'Auvergne.

390 Satyres de Perfe, avec le texte lat. & fr.
par le Monnier. *Paris*, 1771. in-8°. v. f. f.

Poëtes françois.

391 Œuvres diverfes de J. de la Fontaine.
Paris, 1758. 6 vol. in-12. v. m. f.

392 Jofeph, Poëme en profe par Bitaubé.
Paris, Didot A. 1786. in-8°. fig. de Marillier. v. f. tr. dorées.
    Exempl. fur papier vélin d'Annonay.
        Le meme pap. ordin. fans fig.

393 Les Mois , poëme en 12 chants, par Roucher. *Paris*, 1779. 2 vol. in-4°. gr. pap. fig. v. m.

394 La Pariséide, ou Paris dans les Gaules, poëme, par Daucourt. *Paris*, 1773. in-8°. v. m.

395 Idylles de Berquin. *Paris*, 1774. 2 vol. in-8°. fig. de Marillier & autres. v. éc. tr. dor.

396 Les hochets de ma jeuneſſe, par Cubieres. *Amſterdam*, 1780. v. m.

397 Œuvres badines & morales de (Cazotte) *Paris*, 1776. 2 vol. in-8°. ~~fig. de Cochin.~~ v. m.

398 Le Parnaſſe des dames , par Dorat & Beauharnois. *Paris*, 1773. 9 vol. in-8°. v. f. f.

399 Origine des graces, par Mlle D... *Paris*, 1776. in-8°. fig. de Cochin, v. m.

400 Recueil des meilleurs contes en vers. *Londres* (*Paris*), 1778. 4 vol. in-18. v. éc. tr. dor.

Avec de charmantes vignettes.

Poëtes étrangers.

401 Paradiſe loſt a pöem. by John Milton. *London*, 1780. in-12. baſ. f.

402

[65]

402 Poetical miscellanies by Hands. *London*,
1704. in-8°. v. br.

403 Hudibras, poëme in three parts by Samuel
Butler. *Edinburgh*, 1784. in-8°. fig. baſ. f.

404 Richardet, poëme traduit de l'Italien
(par Dumourier le pere.) *Paris*, 1766.
2 vol. in-8°. v. m.

Poëtes dramatiques.

405 Hiſtoire univerſelle des théâtres, depuis
Theſpis juſqu'à nos jours, par une ſociété
de gens de lettres. *Paris*, 1779. 12 vol.
in-8°. v. m.

406 Journal des théâtres, ou le nouveau ſpec-
tateur (par Méricourt.) *Paris*, 1777. 4 tom.
3 vol. in-8°. dem. reliure.

407 Mém. de Goldoni, pour ſervir à l'hiſtoire
de ſa vie & à celle de ſon théâtre. *Paris*,
1787. 3 vol. in-8°. baſ.

408 Théâtre de P. Corneille, avec les commentaires de Voltaire. *Genêve*, 1764.
12 vol. in-8°. fig. v. m.

409 Théâtre de P. Corneille, avec les commentaires de Voltaire. *Genêve*, 1774. 8 vol.
in-4°. fig. br.

410 Œuvres de Moliere, avec des remarq.

I

& obfervat. de Bret. *Paris*, 1773. 6 vol. in-8°. fig. v. éc. f.

411 Théâtre de Voltaire. *Londres (Paris , Cazin ,)* 1782. 10 vol. in-18. v. éc. tr. dor.

412 Théâtre de Crébillon, pere. *Paris*, 1772. 3 vol. in-12. p. f. v. éc.

413 Œuvres de Nivelle de la Chauffée. *Paris*, 1762. 5 vol. in-12.

414 Théâtre de Montfleury , pere & fils. *Paris*, 1775. 4 vol. in-12. v. m.

415 Théâtre de Quinault. *Paris*, 1778. 5 vol. in-12. v. m.

416 Théâtre de campagne. *Paris*, 1767. in-8°. v. éc.

417 Théâtre de fociété , (par Collé). *Paris*, 1777. 3 vol. in-12. v. m.

418 Théâtre d'un poëte de Sybaris , traduit pour la premiere fois du grec , (par Delifle de la Salle). *Paris*, 1788. 3 vol. in-18. br. *Papier vélin.*

419 Recueil de tragédies & de comédies modernes, 15 vol. in-8°. rel.

420 Œuvres de Vadé, ou recueil de fes opéra-comiques , parodies & pieces fugitives , avec les airs notés. *Paris*, 1758. 4 vol. in-8°. v. m.

421 Théâtre de la foire, ou l'opéra-comique, par le Sage & Dorneval. *Amſterdam*, 1722. 10 vol. in-12. v. m.

422 Recueil de pieces jouées au théâtre de Drury-Lane, par Moore. *Londres*, 1784. in-8°. fig. demi-rel.

  En anglois.

423 Recueil de tragédies & de comédies angloiſes. *Londres*, 1777. 8 vol. in-8°. br.

Mythologie.

424 La mythologie & les fables expliquées par l'hiſtoire, par Bannier. *Paris*, 1738. 3 vol. in-4°. v. br.

425 Fabliaux ou contes du 12ᵉ. & 13ᵉ. ſiecles, (par Legrand) *Paris*, 1779. 3 vol. in-8°. v. m.

426 Fables, contes & épîtres, par le Monnier. *Paris*, 1773. in-8°. fig. v. f. f.

Romans.

427 Les aventures de Télémaque, par Fénélon, gravées par Drouet. *Paris*, 1781. in-4°. m. r. les ſix premiers livres.

  Figures de Cochin, & vignettes de le Barbier, Eiſen & autres.

428 Les aventures de Télémaque, par Fénélon. *Paris, Didot jeune.* 1785. 2 tom. 1. vol. in-4°. gr. p. v. éc. tr. dorées.
Figures de Moette.

429 Tarsis & Zélie, (par la Mothe le Vayer,) *Paris,* 1774. 6 tom. 3 vol. in-8°. v. m.
Figures de Cochin.

430 Romans héroïques de J. A. Marin, trad. de l'italien par Caylus. *Lyon,* 1788. 4 vol. in-12. basane.

431 Le Décaméron François. — Les nouvelles françoises, par d'Ussieux. *Paris,* 1783. 5 vol. in-8°. gr. p. fig. v. éc. f.

432 Nouvelles espagnoles de Michel de Cervantes, trad. par Lefevre Villebrune. *Paris,* 1775. 2 vol. in-8°. fig. v. f. f.

433 Les amans républicains, ou lettres de Nicias & Cynire. *Paris,* 1782. 2 vol. in-8°. v. m.

434 Lettres athéniennes, par Crébillon, fils. *Paris,* 1772. 4 vol. in-12. v. m.

435 Les Sages du siecle, ou la raison en délire, (par Crébillon, fils.) *Paris,* 1774. 3 vol. in-12. v. éc.

436 De tout un peu, ou les amusemens de la campagne. *Paris,* 1766. in-12. v. m. f.

437 Le Payfan perverti, & autrés romans de
Retif de la Bretonne. *Paris*, 1776. 6 vol.
in-12. fig. v. m.

438 Nouveaux amufemens des eaux minérales
de Spa, par Limbourg. *Liége*, 1762. in-12.
fig v. m.

439 Les mille & un quart-d'heure, contes tartares. *Paris*, 1753. 3 vol. in-12. v. m.

440 Les mille & une folies, contes françois,
(par Nogaret.) *Paris*, 1771. 4 vol. in-12.
bafane.

441 Lectures amufantes, ou choix varié de
romans, contes moraux & anecdotes hiftoriques. *Paris*, 1771. 4 vol. in-12. v. éc.

442 Voyages & aventures du comte de... &
de fon fils. *Amfterdam*, 1748. 2 vol. in-12.
v. m.

443 Les aveux d'une femme galante; *Paris*,
1782. in-12. v. m.

444 Vie de Richelieu, contenant fes amours
& intrigues, &c. *Maeftricht*, 1791. 3 vol.
in-8°. baf.

445 Lettres originales de Mirabeau, écrites du
donjon de Vincennes, en 1777—1780. recueillies par P. Manuel. *Paris*, 1792. 4 vol.
in-8°. br.

446 Adventures of Joſeph Andrews, by Henry Fielding. *London*, 1781. 2 vol. in-8°. fig. v. f.

447 The hiſtory of Tom Jones a foundling by H. Fielding. *London*, 1787. 4 vol. in-12. fig. baſ. f.

448 Robinſon Cruſoë, en anglois, par Himſelf. *London*, 1784. 2 vol. in-8°. fig b. f.

449 The vicar of Wakefield, a tale ſuppoſed robe Written by Himſelf. *London*, 1786. in-8°. baſ.

450 Le philoſophe anglois, ou hiſtoire de Cleveland, par Prevoſt. *Amſterdam*, 1744. 8 tom. 4 vol. in-12. v. m.

451 L'étourdie, ou hiſtoire de Betſi Tatleſs, trad. de l'anglois. *Paris*, 1754. 2 v. in-12. v. m.

452 The hiſtory of Pompey. *London*, 1773. in-8°. baſ. f.

Clariſſe et Grandiſſon 21. vol. in 12. bro.

Polygraphes.

453 Banquet des ſavans, par Athenée, trad. tant ſur les textes imprimés que ſur pluſieurs manuſcr. par Lefebvre Villebrune. *Paris*, 1779. les 12 premieres livraiſons in-4°. g. p. vélin ſatiné, broché en carton, *& la ſuite complette juſqu'à ce jour. 10. livraiſons.*

454 Menagiana, ou les bons mots de Ménage.
Paris, 1715. 4 vol. in-12. v. br.

455 Œuvres complettes de Voisenon. Paris,
1781. 5 vol. in-8°. v. m.

456 Œuvres de Thomas. Paris, 1773. 4 vol.
in-8°. fig. v. éc.

457 Œuvres de J. J. Rousseau. Neuchâtel,
1775 16 vol. in-8°. v. f. f.

458 Œuvres de Voltaire. Genêve, 1770. 60
vol. in-8°. v. m.

459 Œuvres complettes de Voltaire, publiées
par Beaumarchais. Kell, 1784. 69 vol. in-8°.
v. éc. tr. dorées.

    Edition à 6 liv. papier satiné.

460 Œuvres de Villette. Londres, (Paris,)
1786. in-16. m. r.

    Imprimé sur papier d'écorce de tilleul. On
y a joint à la fin divers echantillons de pa-
pier fabriqué avec des plantes, des ecorces
& avec de végétaux les plus communs, par
Léorier Delisle.

461 Mémoires de Beaumarchais, & autres
pieces, 5 vol. in-8°. v. m.

462 Le petit réservoir, contenant une variété
de faits historiques & critiques de littérature,
de morale & de poésie. La Haye, 1750. 5
vol. in-12. baf.

463 Magasin d'anecdotes. *Strasbourg*, 1771. in-12. v. m.

En allemand. le n.° 186 avec.

464 Mélanges historiques, critiques, de phy- fique, de littérature & de poésie, par Dor- beffan. *Paris*, 1768. 4 vol. in-8°. v. m.

465 Variétés littéraires, ouvrage périodique. *Paris*, 1776. 8 vol. in-8°. v. m.

466 Extraits divers, de divers auteurs, 1777. 12 vol. in-8°. v. éc. tr. dorées.

467 Mélanges de littérature étrangere, (par Millin Grand-Maifon.) *Paris*, 1785. 6 tom. 3 vol. in-12. v. m.

HISTOIRE.

468 Letters on the ftudy audufe of hiftory by H. Bolinbroke. *Bafilea*, 1788. in-8°. br.

Géographie.

469 Dictionnaire claffique de géographie an- cienne. *Paris*, 1768. in-8°. v. m. Vosgien a v.

470 Atlas nouveau de Mentelle, en 25 cartes. *Paris*, 1779. in-fol. br. en carton.

471 Atlas des dix-fept Provinces-Unies, par Yfaac Tirion. 1753. 36 *cartes* in-fol. v. m.

Voyages

Voyages autour du monde.

472 Hiſtoire générale des voyages, par Prevoſt. *Paris*, 1749. 76 vol. in-12. fig. v. m.

473 Voyages autour du monde en 1708—1711, par Woodes Rogers, trad. de l'anglois, avec quelques piéces curieuſes touchant la riviere des Amazones & la Guiane. *Amſterdam*, 1716. 2 vol. in-12.

Fig. *en feuilles.*

474 Voyage autour du monde par la frégate *la Boudeuſe* & *la Flûte-l'Etoile* en 1766—1769, par Bougainville. *Paris*, 1772. 3 vol. in-8°. fig. v. m.

475 Les trois voyages du capitaine Cook autour du monde. *Paris*, 1774—1778—1785. 13 vol. in-4°. fig. m. r.

Exempl. de 1e *édition*, *dont tous les vol. ont été ſatinés.*

476 Voyage (2e) dans l'hémiſphere auſtral & autour du monde, par Jacques Cook en 1772—1775, avec la relation du capitaine Furneaux & de Forſter. *London*, 1777. 2 vol. in-4°. gr. pap. fig. v. br. f.

En anglois.

K

477 Relations des voyages entrepris par ordre de S. M. Britannique , par Byron, Carteret, Wallis & Cook, trad. de l'anglois (par Suard.) *Paris*, 1774. 8 tom. 4 vol. in-8°. v. m. & atlas, in-4°. dem. reliure.

478 Voyage (2ᵉ) au pole auſtral & autour du monde , en 1772——1775 , par J. Cook. *Neuchâtel*, 1778. 6 vol. in-8°. v. m.

479 Journal du 3ᵉ. voyage de Cook, en 1776 —— 1780, trad. de l'anglois, (par Suard.) *Paris*, 1782. in-8°. fig. v. m.

480 Voyage au Cap de bonne-Eſpérance & autour du monde, avec le capitaine Cook, par André Sparrman, traduit par le Tourneur. *Paris*, 1787. 2 vol. in-4°. fig. m. r.

481 Voyage autour du monde & vers les deux poles , par terre & par mer, en 1767 —— 1776, par Pagès. *Paris*, 1782. 2 vol. in-8°. fig. v. m.

482 Voyage autour du monde, & principalement au Nord Nord-Oueſt de l'Amérique, en 1785——1788 , par Dixon. *Paris*, 1789. 2 vol. in-8°. fig. baſ.

483 Abrégé chronologique, ou hiſtoire des découvertes des Européens, par Barrow, trad. par Targe. *Paris*, 1766. 12 vol. in-12. baſ.

Voyages en Europe.

484 L'indicateur fidele, ou guide des voya-
geurs, par Michel, & publié par Defnos,
Paris, 1780. in-4°. avec cartes enluminées,
v. m.   40

485 Itinéraire des routes les plus fréquentées
de l'Europe, par L. Dutens. *Paris,* 1775.
in-8°. v. m.

486 Voyage de France, par Piganiol de la   5-   12-
Force. *Paris,* 1780. 2 vol. in-12. baf.

487 Guide des amateurs & des étrangers voya-   6-   12-
geurs à Paris, par Thierry. *Paris,* 1787.
2 vol. in-12. fig. baf.

488 Voyage de France, d'Efpagne, de Portugal   2 -   15-
& d'Italie, par S. (Silhouette,) en 1729 &
1730. *Paris,* 1770. 4 tom. 2 vol. in-12. baf.

489 Voyage en Efpagne, en 1777 & 1778,   8-   12-
par Peyron. *Paris,* 1782. 2 vol. in-8°. fig.
v. m.

490 Voyages en différens pays de l'Europe,   5-   10-
en 1774, 1775 & 1776, ou lettres écrites
de l'Allemagne, de la Suiffe, de l'Italie, de
Sicile & de Paris. *La Haye,* 1777. 2 vol.
in-12. baf.

491 Recueil de voyages au Nord de l'Europe   17-   1-

& de l'Afie, ouvrage traduit de différentes langues, par une fociété de gens de lettres. *Genêve*, 1785. tom. 1. in-4°. fig. v. m.

492 Voyage en Europe, Afie & Afrique, en 1777 & 1781, par Makintosh, traduit de l'anglois. *Paris*, 1786. 2 vol. in-8°. fig. v. m.

493 Londres, (par Grofley.) *Paris*, 1770. 3 vol. in-12. fig. v. m.

494 Voyage pittorefque de la Flandre & du Brabant, avec des réflexions relativement aux arts & aux gravures, par J. B. Defçamps. *Paris*, 1769. in-8°. fig. v. m.

495 Voyages de Genêve & de la Touraine, fuivis de quelques opufcules. *Orléans*, 1779, in-12. baf.

496 Relation de différens voyages dans les Alpes du Faucigny. *Maeftricht*, 1776. in-12. v. m.

497 Voyage hiftorique & littéraire dans la Suiffe occidentale (par Sinner.) *Neuchâtel*, 1781. 2 vol. in-8°. fig. v. m.

498 Voyage de Mayer en Suiffe en 1784, ou tableau hiftorique, civil, politique & phyfique de la Suiffe. *Paris*, 1786. 2 vol. in-8°. fig. v. m.

499 Voyage d'Italie, par Maximilien Misson.
La Haye, 1727. 3 vol. in-12. fig. baf.

500 Voyage pittoresque de Naples & de Sicile,
par de St.-Non. Paris, 1781. 5 vol. in-fol.
max. fig. v. m. filets d'or.
Exemplaire de foufcription.

501 Voyage en Sicile & à Malthe, trad. de
l'anglois de Brydonne, par Demeunier. Paris,
1775. 2 vol. in-8°. fig. v. m.

502 Lettres fur la Sicile & fur l'ifle de Malthe, écrites en 1777, pour fupplément au
voyage de Brydonné, par Borch. Turin,
1782. 2 vol. in-8°. fig. br. & atlas.

503 Voyage en Sicile, par de Non. Paris,
Didot A. 1788. in-8°. fig. gr pap. v. éc.
tr. dor.

504 Voyage aux ifles de Lipari, en 1781, ou
notice fur les ifles Eoliennes, pour fervir à l'hiftoire des volcans, par Dolomieu.
Paris, 1783. in-8°. v. m.

505 Hiftoire des découvertes & des voyages
faits dans le nord, par J. R. Forfter, trad.
en fr. par Brouffonet. Paris, 1788. 2 vol.
in-8°. fig. v. m.

506 Relation d'un voyage dans la mer du
nord en 1767 — 1768, par Kerguelen Tré-

[78]

maréc. *Paris,* 1771. in-4°. figures, basane.

507 Voyage en Pologne, Russie, Suede, Danemarck, &c. par William Coxe, trad. de l'angl. par Ph. Mallet. *Genêve,* 1786. 2 vol. in-4°. fig. v. m.

508 Le même. *Genéve,* 1786. 4 vol. in-8°. fig. *En feuilles.*

509 Voyages en Allemagne, par Risbeck en 1780. *Paris,* 1788. 3 vol. in-8°. fig. v. m.

Voyages en Asie.

510 Voyage aux Indes orientales, par J. H. Grofe, trad. de l'anglois par Hernandez. *Paris,* 1758. in-12. v. m.

511 Voyage aux Indes orientales & à la Chine en 1774—1781, par Sonnerat. *Paris,* 1782, 2 vol. in 4°. gr. pap. mar. r. pap. d'Holl.

Exemplaire que l'Auteur s'etoit choisi pour lui-même, & dans lequel toutes les figures font enluminées avec un foin particulier.

512 Voyage à la nouvelle Guinée, par Sonnerat. *Paris,* 1776. in-4°. fig. v. m.

513 Voyage du jeune Anacharsis en Grece dans le milieu du 4e siecle avant l'ère vulgaire (par Barthelemi.) *Paris,* 1788, 5 vol. in-4°. fig. maroq. verd. *Exempl. de 1re édition, pap. satiné.*

514 Voyage littéraire de la Grece , ou lettres 	4o
sur les Grecs anciens & modernes , par
Guys. *Paris* , 1783. 4 vol. in-8°. fig. v. éc. f.
Exemplaire choisi pour la qualité des
épreuves des figures.

515 Voyage pittoresque de la Grece (par 	44 6- 1.
Choiseuil-Gouffier) avec figures de J. B. Til-
liard, *Paris* , 1782. fol. max. v. m. filets.
Exemplaire de souscription.

516 Lettres sur l'Egypte & la Grece , par 	30 -
Savary. *Paris* , 1785. 4 vol. in-8°. fig. v. m.

517 Relation ou Journal d'un officier François 	4 - 14-
au service de Pologne pris par les Russes,
& relégué en Sibérie. *Amsterdam* , 1776.
in-12. v. m.

Voyages en Afrique.

518 Journal d'un voyage d'Afrique & des 	3- 16-
Indes d'Espagne, avec une description de la
riviere de la Plata en 1702. *Amsterdam* ,
1730. in-12. v. br.

519 Voyage de Syrie & du Mont-Liban, par 	10-
de la Roque. *Paris* , 1732. 2 vol. in-12.
fig. v. br.

520 Description du cap de Bonne-Espérance, 	12-
avec l'hist. naturelle du pays , par P. Kolbe.
Amsterdam , 1743. 3 vol. in-12. fig. v. m.

521 Voyage à l'isle de France, à l'isle de Bour-
bon, au cap de Bonne-Espérance, &c. avec
des observations sur la nature & sur les
hommes, (par H. Bernardin de St-Pierre).
Paris, 1773. 2 vol. in-8°. fig. v. m.

522 Voyages du capitaine Robert Lade, en
différentes parties de l'Afrique, de l'Asie &
de l'Amérique. *Paris*, 1744. 2 vol. in-12.
fig. v. m.

523 Description de l'Arabie, d'après les observations & recherches faites dans le pays
même, par Niebuhr. *Copenhague*, 1773.
in-4°. fig. v. m.

    Édition originale.

524 Voyage en Barbarie, ou lettres écrites de
l'ancienne Numidie, en 1785 & 1786,
par Poiret. *Paris*, 1789. 2 vol. in-8°. fig. v. m.

525 Voyage de le Vaillant dans l'intérieur
de l'Afrique, par le cap de Bonne-Espérance, en 1780 — 1785. *Paris*, 1790.
in-4°. m. v.

    Exemplaire en gr. pap. vélin satiné, &
figures enluminées, très-rare de ce format.

Voyages en Amérique.

526 Histoire des navigations aux terres austra-
les,

les , par Desbroffes. *Paris ,* 1756. 2 vol.
in-4°. v. m.

527 Aventures de Robert Beauchêne , capitaine des flibuftiers , rédigées par le Sage.
Maeftricht , 1780. 2 tom. 1 vol. in-12. fig.
v. m.

528 Relation d'un voyage dans l'Amérique
feptentr. en 1743 , defcendant la riviere des
Amazones , par de la Condamine. *Maeftricht,*
1777. in-8°. fig. v. m.

529 Voyage de la Baye de Hudfon , 1746.
— 1747 , par H. Ellis. *Paris ,* 1749, 2 vol.
in-12. fig. v. m.

530 Voyage dans l'Amérique feptentrionale ,
en 1750 & 1751 , par de Chabert. *Paris ,*
F. R. 1753. in-4°. fig. v. m. filets. *Reliure
du Louvre.*

531 Voyage à la Martinique , en 1751 , par
Chanvalon. *Paris ,* 1763. in-4°. fig. v. m.

532 Voyages dans la mer du fud , par les Efpa-
gnols & les Hollandois , trad. de l'anglois de
Dalrymple , par Freville. *Paris ,* 1774. in-8°,
fig. v. m.

533 Hiftoire d'un voyage aux ifles Malouï-
nes , en 1763 — 1764 , avec des obfervations fur le détroit de Magellan , par Dom

Pernetty. *Paris*, 1770. 2 vol. in-8°. fig. v. m.

534 Voyage d'un Suiſſe dans différentes colonies d'Amérique, pendant la guerre de 1782. *Neuchâtel*, 1785. in-8°. v. m.

535 Voyage de Chaſtellux dans l'Amérique ſeptentrionale, en 1780 — 1782. *Paris*, 1786. 2 vol. in-8° fig. v. m.

Hiſtoire univerſelle.

536 Hiſtoire univerſelle depuis le commencement du monde juſqu'à nos jours, traduit de l'anglois, par une ſociété de gens de lettres, & publiée par le Tourneur, *Paris*, 1779. les 51 premiers vol. in-8°. v. m.

537 Hiſtoire univerſelle de tous les peuples du monde, ou hiſtoire des hommes, (par Deliſle de la Salle.) *Paris*, 1779. 53 vol. in-8°. br.

Exemplaire ſur beau papier, avec les cartes & figures à part, en porte-feuilles, tirées ſur grand papier.

538 Révolutions des empires, royaumes, républiques & autres états conſidérables du monde, par Renaudot. *Paris*, 1769. 2 vol. in-12. v. m.

539 Histoire générale des cérémonies, mœurs & coutumes religieuses de tous les peuples du monde, représentées en 243 fig. de Bernard Picard, par Banier. *Paris, Rollin.* 1741. 7 vol. in-fol. v. m.

540 Dictionnaire universel, historique & critiques des mœurs, loix, usages, &c. des quatre parties du monde, par une société de gens de lettres. *Paris,* 1772. 4 vol. in-8°. v. m.

541 L'esprit des usages & des coutumes des différens peuples, par Demeunier. *Paris,* 1776. 3 vol. in-8°. v. m.

542 Dictionn. historique des cultes religieux établis dans le monde depuis son origine jusqu'à nos jours, par Delacroix. *Paris,* 1777. 3 vol. in-8°. v. m.

543 Histoire universelle des prêtres, moines, pénitens, jongleurs, sorciers de toutes les nations, divisées par classe, genres & espéces, ornée de figures colotées, par Audebert & Reverchon. *Paris,* 1791. in-8°. br.
Exempl. sur papier vélin.

544 Joa. Physiophili specimen monachologiæ methodo Linnæanâ. *Augustæ-Vindelicor,* 1783. in-4°. fig. br.

545 Essai sur l'hist. naturelle de quelques es-

peces de moines, décrits à la maniere de
Linné , par J. d'Antimoine. 1784. in-8°. br.
Avec trois planches.

546 Hiftoire de la perfécution intentée en
1775 aux francs-maçons de Naples , fuivie
de pieces juftificatives. *Londres* , 1780. in-8°.
fig. v. m.

547 Journal maçonique en allemand. *Vienne* ,
1784. 2 vol. in-8°. fig. dem.-rel.

Et autres pieces fur le même fujet en fr. 3 vol.

Hiftoire ancienne.

548 Hiftoire du monde primitif ou des atlan-
tes, (par Delifle de Sales.) *Paris*, 1780.
2 vol. in-8°. fig. v. m.

549 Hiftoire ancienne des Egyptiens, des Car-
thaginois , des Affyriens & des Grecs , par
Rollin. *Paris*, 1740. 6 vol. in-4°. fig. v. f.

550 Hiftoire Romaine , depuis la fondation de
Rome jufqu'à la bataille d'Actium, par Rollin , & continuée par Crevier. *Paris*, 1752.
8 vol. in-4°. fig. v. f. n° 380 avec.

551 La république Romaine , ou plan général
de l'ancien gouvernement de Rome , par de
Beaufort. *La Haye* , 1766. 2 vol. in-4°. fig.
v. m.

552 Hiftoire de la décadence & de la chûte de

[85]

l'empire Romain, traduit de l'anglois de
Gibbon, par Leclerc de Sept-Chênes. *Paris*,
1777. 3 vol. in-8°. baf.

553 The roman hiftory from the foundation of
the city of Rome to the deftruction of the
Weftern empire by D. Goldfmith. *London*,
1781. 2 vol. in-8°. v. f. f.

554 Excerpta ex Corn. Tacito, in-fol. *manuf-
crit lavé, réglé.*

555 Hiftoire de Zénobie, impératrice reine de
Palmyre, par Euvoi Hauteville. *Paris*, 1758.
in-12 v. m.

Hiftoire moderne.

556 L'efpion Chinois, ou l'envoyé fecret de
la cour de Pekin, pour examiner l'état de
l'Europe. *Cologne* (*Maeftricht*) 1774. 6 vol.
in-12. v. m.

557 Journal politique & de littérature, ouvrage périodique commencé par Linguet en
1774, & continué par de la Harpe jufqu'en
1778. 8 vol. in-8°. dem. reliure.

558 Annales politiques, civiles & littéraires
du 18ᵉ fiécle, ouvrage périodique, commencé en 1777—1790. par Linguet, 21 vol.
in-8°. dem. reliure.

559 Courier de l'Europe, gazette anglo-fran-

çoife , 1776 — 1787. 22 vol. in-4°. baf.

560 Mémoires fecrets pour fervir à l'hiftoire de la république des lettres en France depuis 1762 jufqu'à nos jours , par Bachaumont. *Londres* , 1777. 30 vol. in-12. v. m.

561 L'obfervateur & l'efpion anglois, ou correfpondance fecrete entre mylord Alleye & mylord Alléar. *Londres* , 1777. 10 vol. in-12. v. m.

562 Collection du journal de Paris, 1777 — 1790. 15 vol. in-4°. dem. reliure.

Hiftoire de France.

563 Defcription générale & particuliere de la France. *Paris* , 1781. 6 vol. in-fol. max. fig. favoir, 3 vol. v. m. filets d'or, 3 de fig. en une dem. rel. & la fuite, br, jufques & compris la 67e livraifon.

Exemplaire de foufcription , complet jufqu'à ce jour.

564 L'honneur françois, ou hiftoire des vertus & exploits de notre nation , par Sacy. *Paris* , 1775. 8 vol. in-12. v. éc.

565 Hiftoire des Celtes , & particulierement des Gaulois & des Germains , par Simon Pelloutier , publiée par Chiniac. *Paris* , 1770. 8 vol. in-12. v. m.

566 Hift. de France avant Clovis, par Laureau.
Paris, 1786. in-12. fig. v. f. tr. dor.
Exempl. en pap. vélin.

567 Obfervations fur l'hiftoire de France, par
Mably. *Kell*, 1788. 4 vol. in-12. baf.

568 Mémoires de Ph. de Comines, par
Godefroy, augmentée par Lenglet Dufref-
noy. *Paris*, 1747. 4 vol. in-4°. v. m.
Avec les portraits.

569 Hiftoire & regne de Charles VI. par ma-
demoifelle de Luffan. *Paris*, 1753. 9 vol.
in-12. v. m.

570 Hiftoire de Louis XI, par Duclos. *Paris*,
1745. 4 vol. in-12. v. j.

571 Hiftoire de la ligue de Cambray contre
la république de Venife, (par Dubos.) *Paris*,
1785. 2 vol. in-12. v. m.

572 Hiftoire de la vie d'Henri IV, par Bury.
Paris, 1766. 4 vol. in-12. v. éc.

573 Amours d'Henri IV, avec fes lettres ga-
lantes à fes maîtreffes. *Amflerdam*, (*Paris*,)
1754. 2 tom. 1 vol in-12. v. m.

574 Aventures de Fœnefte, par Théodore
Agrippa d'Aubigné. *Amflerdam*, (*Paris*,)
1731. 2 vol. in-12. v. m.

575 Hiftoire de la vie de Louis XIII, par
Bury. *Paris*, 1768. 4 vol. in-12. v. éc.

576 Amours des Gaules & des dames illuftres de France, par Buffy Rabutin. *Cologne, P. Marteau,* 4 vol. in-18. fig. v. m.

577 Mémoires politiques & militaires fous Louis XIV & Louis XV, par Millot. *Paris,* 1777. 6 vol. in-12. v. m.

578 Lettres de madame de Villars. *Amfterd.* (*Paris,*) 1762. in-12. v. m.

579 Vie & lettres de Pompadour. *Londres,* (*Paris,*) 1774. 3 vol. in-12. v. m.

580 Anecdotes de du Barry, 1776. in-12. v. m.

581 Mémoire fur la vie & les ouvrages de Turgot, Miniftre d'État, (par Dezaulnay). *Philadelphie.* (*Paris,*) 1782. in-8°. v. m.

582 Tableau de Paris, (par Mercier). *Amfter-dam.* (*Neuchâtel*), 1782. 12 vol. in-8°. v. éc. filets dor.

583 Tableaux de la révolution françoife, par Prieur, feize livraifons. in-fol. fig. br. *Papier vélin, caracteres de Didot.*

HISTOIRE ÉTRANGERE.

Hiftoire de Suiffe & d'Italie.

584 Tabeaux topographiques, pittorefques, phyfiques, hiftoriques, moraux, politiques

&

& littéraires de la Suisse, par la Borde &
Zurlauben. *Paris*, 1780. 5 tom. rel. 3 vol.
in-fol. max. v. m. filets d'or.
Exemplaire de souscription.

585 Description géographique, historique &
politique de la Suisse, par J. Renaud. *Lausanne*, 1776. 2 tomes, 1 volume in-8°.
figures, v. m.

586 Lettres de William Coxe, sur l'état politique, civil & naturel de la Suisse. *Paris*,
1781. 2 vol. in-8°. v. éc.

587 Histoire de la confédération helvétique,
par A. L. de Watteville. *Yverdon*, 1768.
2 vol. in-8°. v. m.

588 Tableau historique & politique des révolutions de Genève dans le 18 e. siecle. *Genève*,
1782. in-8°. v. m.

589 Histoire de la république de Venise, par
Laugier. *Paris*, 1759. 12 vol. in-12. v. éc.

590 Histoire du gouvernement de Venise &
l'examen de sa liberté, avec notes d'Amelot
la Houssaye, par J. Cette. *Lyon*, 1768. 3
vol. in-12. fig. v. m.

591 Histoire de la révolution de Naples dans
les années 1647 & 1648, par mademoiselle
de Lussan. *Paris*, 1757. 4 vol. in-12. v. m.

Hiftoire d'Angleterre & des Pays-Bas.

592 Les faftes de la Grande-Bretagne, depuis
fa fondation jufqu'à la paix de 1763. *Paris,*
1769. 2 vol. in-8°. v. m.

593 Hiftoire de Marie Stuard, réine d'Ecoffe
& de France, (par Robertfon.) *Londres,*
1742. 2 vol. in-12. fig. v. éc.

594 Affaires de l'Angleterre & de l'Amérique,
1776—1779. *Anvers,* (*Paris,*) 1777. &
années fuiv. 15 tom. 14 vol. in-8°. v. m.

595 Les délices des Pays-bas, par J. B. Chrif-
tyn. *Liege,* 1769. 5 vol. in-8°. fig. v. m.

596 Tableau de l'hiftoire générale des Provinces-Unies, par Cerifier. *Utrecht,* 1777.
10 vol. in-12. v. m.

597 Révolutions des Provinces – Unies fous
l'étendard des divers Stadhouders, fuivies
des anecdotes modernes. *Nimegue,* 1788.
3 vol. in-8°.
En feuilles.

Hiftoire des pays feptentrionaux.

598 Abrégé chronologique de l'hiftoire du
nord, par la Combe. *Paris,* 1762. 2 vol.
in-8°. v. m.

599 Hiftoire générale d'Allemagne , par le
P. Barre , depuis l'an de Rome 648. jufqu'à l'an 516 de J. C. *Paris* , 1748. 11 vol.
in-4°. fig. v. m.

600 Hiftoire des révolutions de l'empire de
Ruffie, par la Combe. *Paris* , 1760. in-8°.
v. m.

601 Hiftoire phyfique , morale , civile &
politique de la Ruffie aucienne & moderne ,
par le Clerc. *Paris* , 1783. 5 vol. in-4°. fig.
v. m. & atlas in-fol. dem. reliure.
Exemplaire de foufcription.

602 Les faftes de la Pologne & de la Ruffie.
Paris , 1770. 2 vol. in-8°. v. m.

603 Examen politique & critique d'un ouvrage
intitulé : hiftoire fecrete de la cour de Berlin par Mirabeau , par Trenck. *Berlin*
(*Paris*.) in-8°. v. éc.

604 Mémoires de Fréderic Trenck , trad. par
lui-même fur l'original allemand. *Paris* ,
1789. 3 vol. in-8°. fig. v. m.

Hiftoire d'Afie.

605 Hiftoire de l'Afie , de l'Afrique & de l'A-
mérique (par Roubeau.) *Paris*, 1770. 15 vol.
in-12. v. m.

70" 2 ^ 606 Zend - Avesta , ouvrage de Zoroaftre , par Anquetil du Perron , avec la relation de fon voyage aux Indes orientales. *Paris*, 1771. 3 vol. in-4°. fig. v. m.

5 5- 1- 607 Hiftoire philofophique & politique des établiffemens & du commerce des Européens dans les deux Indes, par Th. Raynal. *La Haye*, 1774. 7 vol. in-8°. fig. v. m.

14 0- 1- 608 La même édition , du même. *Genêve*, 1780. 10 *vol. in-8°. fig. v. m. & atlas*, *in-4°. v. m.*

5- 19- 609 Etat civil , politique & commerçant du Bengale , trad. de l'anglois de Bolts , par Demeunier. *La Haye* , 1775. 2 tom. 1 vol. in-8°. fig. v. éc. f.

9- 610 The matches of the british armies in the peninfula of India, 1790—1791. by Major Rennell. *London* , 1792. in-8ª. fig. br. *Papier vélin.*

5- 12- 611 Les militaires au-delà du Gange , par de Lolooz. *Paris* , 1770. 2 vol. in-8°. fig. v. m.

11- 19- 612 Hiftoire de Sumatra, par William Marsden , trad. de l'anglois par Partaud. *Paris*, 1788. 2 vol. in-8°. fig. baf.

126- 1- 613 Hiftoire générale de la Chine , ou An-

[93]

nales de cet empire, par de Mailla, publiées par Grofier, & dirigées par le Roux.
Paris, 1777. 12 vol. in-4°. fig. v. m.

614 Mémoires concernant l'hiftoire, les fciences, les arts, les mœurs, les ufages, &c.
des Chinois, par les Miffionnaires de Pekin.
Paris, 1776. 9 vol. in-4°. fig. v. m.

615 Hiftoire générale des Huns, des Turcs,
des Mogols, & autres Tartares occidentaux,
par de Guignes. *Paris*, 1756. 5 vol. in-4°.
fig. v. éc. filets.

616 Mémoires de Tott fur les Turcs & les
Tartares. *Amfterdam* (*Paris*,) 1784. 4 tom.
2 vol. in-8°. fig. v. m.

617 Tableau de l'empire Ottoman, par Mou-
radjea d'Ohfon. *Paris*, 1787. 2 vol. in-fol.
atlantico, v. m. dentelle, reliure à l'angloife.
   *Exemplaire de foufcription, choifi pour la
qualité des épreuves, & papier fatiné.*

Hiftoire d'Afrique.

618 Hiftoire de l'Afrique & de l'Efpagne fous
la domination des Arabes, par Cardonne.
Paris, 1765. 3 vol. in-12. baf.

619 Remarks on the Slave trade and the Sla-
veri of the negroes. *London*, 1788. in-4°. br.

Histoire d'Amérique.

620 Essai sur cette question : Quand & comment l'Amérique a-t-elle été peuplée d'hommes & d'animaux, (par Engel.) *Amsterd.* 1767. in-4°. v. m.

621 Recherches philosophiques sur les Américains, les Egyptiens & les Chinois, (par de Pauw.) *Londres,* 1770. 5 vol. in-12. fig. v. éc.

622 Histoire de l'Amérique, par Robertson. *Rotterdam,* 1779. 4 vol. in-12. bas.

Antiquités.

623 Histoire de l'art de l'antiquité, par Winkelmann, traduit de l'allemand, par Huber. *Leypsick,* 1781. 3 vol. in-4°. fig. bas.

624 Recueil d'antiquités égyptiennes, étrusques, grecques & romaines, par Caylus. *Paris,* 1761. 7 vol. in-4°. avec 800 pl.

625 Antiquités étrusques, grecques & romaines tirées du cabinet d'Hamilton, (par d'Hancarville) *Naples,* 1766. 4 vol. in-fol. atlantico, v. éc. tr. dorées.

Figures enluminées ; exemplaire choisi de belles épreuves.

626 Differtation fur les attributs de Vénus,
par de la Chaux. *Paris,* 1776. in-4°. fig.br.

627 Antiquités nationales, ou recueil de monumens pour fervir à l'hiftoire générale
& particuliere de la république françoife,
par Aubin-Louis Millin. *Paris,* 1791. 4.
vol. in-4°. fig. br.

> *Exemplaire en papier vélin.*

628 Defcription hiftorique de Paris & de fes
plus beaux monumens, gravés par F. N.
Martinet, & publié par Béguillet. *Paris,*
1779. 3 vol. in-8°. fig. v. m.

629 Recueil de pierres gravées antiques, par
P. J. Mariette. *Paris, l'Auteur,* 1752 1 vol.
in-4°. fig v. f. f.

630 Defcription des principales pierres gravées
du cabinet d'Orléans, par de la Chaux.
Paris, 1780. 2 vol. in-fol. fig. m. r.

631 Médailles fur les principaux événemens
du regne de Louis XIV. *Paris,* 1723. I. R.
in-fol. v. m. filets d'or.

> *Avec la préface imprimée.*

632 Œuvres du chevalier Hedlinger, ou recueil des médailles de ce célébre artifte.
Bafle, 1776. in-fol. fig. en carton.

> *Papier fatiné.*

633 Aurea numifmata (octo) Thomæ Martyn Londinenfi, à principibus donata in tefti-
monium favoris & ftudia quibus novum
magnum ejus de conchis opus acceperunt.
In-fol. papier vélin.

634 Mufæum numarium Milano - Vifcontia-
num. *Trajecti ad Rhenum , 1786. in-8°.*
dem. reliure.

635 Métrologie, ou tables pour fervir à l'in-
telligence des poids & mefures des anciens,
& principalement à déterminer la valeur
des monnoies grecques & romaines d'après
leur rapport avec les poids, les mefures &
le numéraire actuel de la France, par Rômé
Delifle. *Paris , 1789. in-4°. m. v.*
Exempl. en papier vélin & fatiné.

Hiftoire littéraire.

636 Bibliotheque françoife de la Croix du
Maine & de Duverdier, par Rigoley Ju-
vigni. *Paris , 1772. 6 vol. in-4°. v. m.*

637 Hiftoire littéraire des Troubadours, par
Millot. *Paris , 1774. 3 vol. in-12. v. m.*

638 Mémoires pour la vie de Fr. Pétrarque,
tirés de fes œuvres & des auteurs contem-
porains, avec des notes (par Salfade.) *Am-*
fterdam ,

*fterdam (Paris.) 1764. 3 vol. in-4°. v. éc.

639 Mém. secrets de la république des let- *avec le n° 6.*
tres, par d'Argens. *Amsterdam (Paris.)*
1744. 7 vol. in-18. v. éc.

640 Dictionnaire des portraits historiques ,
anecdotes & traits remarquables des hommes illustres. *Paris,* 1768. 4 vol. in-8°. baf.

Bibliographie.

641 Catalogue des livres de la bibliotheque
des Jésuites du collége de Clermont. *Paris,*
1764. in-8°. br.

642 Catalogue de la bibliotheque Courtan-
vaux. *Paris ,* 1782. in-8°. br.

643 Catalogue des livres de la bibliotheque
la Valliere , 1re partie , par G. Debure A.
Paris , 1783. 3 vol. in-8°. v. m.

On y a ajouté les prix en marge de cha-
que n°. outre la liste imprimée. à la fin du
troisieme volume.

644 Catalogue des livres (de le Camus de
Limare.) *Paris , Debure ,* 1786. in-8°. br.

Avec la table des auteurs.

645 Bibliotheca elegantissima Parisina, ou Catalogue de livres choisis du cabinet de

Paris, vendus à Londres en 1797. *Londres,* 1790. in-8°. br.

646 Index librorum ab inventâ typographiâ ad annum 1500. in bibliothecâ Loupenie de Brienne, à Fr. Xav. Leyre. *Senonis,* 1791. 3 tom. 2 vol. in-8°. bas.

On commencera chaque Vacation par diffé- rens lots de Livres & de Brochures sur toutes sortes de matieres.

De l'Imprimerie de BELIN, rue S.-Jacques, N°. 27. 1794. An II. Rép.

ORDRE DES VACATIONS

Pour la Vente des Livres de feu Citoyen Gigot d'Orcy, qui se fera en l'une des Salles de la Maison Bullion, rue J. J. Rousseau, le 11 Ventose, (1ᵉ Mars 1794 vieux style) & jours suivans, 4 heures de relevée.

Iᵉʳᵉ *Vacation*, 11 *Ventose*. (1 Mars 1794.)

Sciences & Arts............... Nᵒˢ 1 à		36
Histoire.......................468		500

Et les Numéros 515. 563 & 584.

IIᵉ *Vacation*, 12 *Ventose*. (2 Mars.)

Sciences & Arts.................. 37		54
Sciences & Arts................. 74		83
Belles-lettres 381		390
Histoire.......................501		514
Sciences & Arts.................. 55		73

IIIᵉ *Vacation*, 13 *Ventose*. (3 Mars.)

Sciences & Arts.................. 84		119
Histoire.......................516		550

Et le Nᵒ. 380 qui sera joint aux Nᵒˢ 549 & 550.

IVᵉ *Vacation*, 14 *Ventose*. (4 Mars.)

Histoire.......................551		562
Belles-lettres 391		404
Sciences & Arts...............120		159

Ve Vacation, 15 Ventôse. (5 Mars.)

Hiftoire	N°s 564 à	583
Belles-lettres	405	410
Sciences & Arts	168	203
Sciences & Arts	160	167

VIe Vacation, 16 Ventôse. (6 Mars.)

Belles-lettres	411	423
Hiftoire	585	601
Sciences & Arts	227	245
Sciences & Arts	204	226

VIIe Vacation, 17 Ventôse. (7 Mars.)

Hiftoire	618	622
Hiftoire	602	617
Belles-lettres	424	429
Sciences & Arts	246	292

VIIIe Vacation, 8 Ventôse. (8 Mars.)

Belles-lettres	430	452
Hiftoire	626	635
Sciences & Arts	304	332
Sciences & Arts	293	302
Hiftoire	623	625

IXe Vacation, 19 Ventôse. (9 Mars.)

Hiftoire	636	646
Sciences & Arts	331	379
Belles-lettres	453	467

Il ne fera vendu que très-peu de Livres au commencement de chaque Vacation.

20